中小企業の
労務管理は
ここを押さえる！

金山 駿［著］

中央経済社

本書の内容は，2024年9月1日現在で入手可能な情報に基づいています。

　本書を利用されたことによって生じた結果については，著者及び出版社は一切の責任を負いません。本書で提供する情報に基づいて何らかの判断を行う場合，個別に専門家にご相談ください。

はじめに

　労務管理は会社経営を行ううえでとても重要な業務の1つです。原理原則を守り，着実に労務管理を行っていくことで，経営に好循環をもたらしていきます。

　労務管理を疎かにせず，しっかりと対応することで，良好な労使関係を維持し，働きやすい職場環境を整えることができます。その結果，社員のモチベーションアップにつながり，社員の定着・離職率低下などが期待できるのです。

　不易流行という言葉があります。「不易」とは，変わらない普遍を意味し，「流行」とは，新しいものを求め，時代に即した革新を行うことです。「不易」として労務管理をしっかりと行い（就業規則を作成する，年次有給休暇を取得させる，定期健康診断を行うなど），「流行」として労働法改正や働き方の多様化など，時代に合わせて柔軟に変化させていきます。

　また，労務管理は経営戦略と紐づけて行うことが必要です。昨今，会社を取り巻く環境は目まぐるしく，そしてスピード感をもって変化しています。少子高齢化，グローバル化，デジタル化，様々な技術革新，働き方の多様化などに対応できる会社が生き残っていきます。

　本書における中小企業は，社員300人以下の会社を想定しています。起業したての社員数人のスタートアップ企業から社員数十人規模，社員数100人規模の老舗の企業までを想定しています。

　また，本書の対象読者は，中小企業の経営者，総務・人事・経理担当者，社員，社会保険労務士，社会保険労務士を目指す人などです。本書では，必ず押さえてもらいたい労務管理の知識を，要点をまとめて体系的に網羅しています。

　1人でも多くの方々に手に取っていただき，少しでも実務のお役に立てたのであれば本望であり，このうえない喜びです。

令和6年10月

社会保険労務士　金山　驍

iii

CONTENTS

はじめに・i

主な労働関連法改正（施行）スケジュール・vi

第1章

後回しにされやすい労務管理を最重要項目として捉える！

1　労務管理とは ……………………………………………………… 1

2　戦略的労務管理とは ……………………………………………… 3

3　就業規則の重要性 ………………………………………………… 5

4　就業規則の作り方 ………………………………………………… 7

5　就業規則の届出 …………………………………………………… 9

6　経営理念の重要性 ………………………………………………… 11

コラム　労働基準法をわかりやすく教えてほしい！ …………… 13

第2章

労務管理の基礎を押さえて，会社の体制を整える！

1　会社が備え付ける法定4帳簿とは ……………………………… 17

2　労働時間と休憩時間 ……………………………………………… 21

3　休日について ……………………………………………………… 24

4　残業の考え方 ……………………………………………………… 29

5　36協定（時間外労働・休日労働に関する協定）…………… 33

6　固定残業代について ……………………………………………… 38

7　最低賃金 …………………………………………………………… 42

8　1週間単位の非定型的変形労働時間制 ………………………… 43

9　1か月単位の変形労働時間制 …………………………………… 46

10　1年単位の変形労働時間制 ……………………………………… 50

11　フレックスタイム制度 …………………………………………… 54

12 専門業務型裁量労働制 …… 59
13 企画業務型裁量労働制 …… 64
14 管理監督者 …… 67
15 年次有給休暇とは …… 70
16 休職・復職制度 …… 79
17 服務規律の定め方 …… 86
18 勤務間インターバル制度 …… 91
19 社員の健康診断，健康対策 …… 93
20 ストレスチェック …… 97
21 労働保険と社会保険の基礎知識 …… 100

第3章

採用・雇用契約書，退職時は，最低限これだけは押さえておく！

1 募集・面接・採用のルール …… 105
2 その他採用に絡む法律 …… 111
3 試用期間について …… 116
4 障害者雇用 …… 118
5 外国人労働者の雇用と活用 …… 120
6 高年齢者の雇用と活用 …… 125
7 雇用契約書 …… 130
8 労働契約の仕組み …… 135
9 退職時の落とし穴，トラブル回避の具体策 …… 136
10 有期労働契約と雇止め …… 141
11 解雇，懲戒について …… 143

第4章

働き方改革，感染症禍における働き方，ハラスメント防止などに注意！

1 働き方改革とは？　中小企業への導入スケジュール …… 149

CONTENTS　v

②	新型コロナウイルス等の感染症禍における労務管理 ……… 157
③	副業・兼業について ……………………………………… 161
④	ハラスメントの定義と種類 ……………………………… 167
⑤	令和2年6月施行のパワハラ防止法とは ……………… 170
⑥	セクシュアルハラスメント，マタニティハラスメント等 ……… 174

第5章

社員の戦力化及び定着を図るには！

①	労働生産性の向上，会社の業績を上げる人事評価制度導入 …… 181
コラム	日本の時間あたりの労働生産性 ………………………… 184
②	賃金の支払い ……………………………………………… 188
③	賃金規程の作り方 ………………………………………… 191
④	母性保護 …………………………………………………… 195
⑤	育児休業 …………………………………………………… 199
⑥	介護休業 …………………………………………………… 204
⑦	定年の定め方 ……………………………………………… 208
⑧	退職金の考え方 …………………………………………… 211
⑨	無期転換ルールの定め方 ………………………………… 215

第6章

突然やってくる労務の不測事態等に備える！

①	労働基準監督署の調査対応 ……………………………… 221
②	労働審判，民事訴訟等について ………………………… 223
③	労災保険と補償内容 ……………………………………… 228
④	安全衛生管理体制 ………………………………………… 231
⑤	社員のメンタル不調対処法 ……………………………… 234

おわりに・237

vi

主な労働関連法改正（施行）スケジュール

2021年（令和3年）
- 中小企業における同一労働同一賃金の適用（P.153）
- 育児介護休業法改正（子の看護休暇・介護休暇の時間単位取得）（P.201, 207）
- 70歳までの雇用延長が努力義務に（高年齢者雇用安定法改正）（P.211）
- 36協定の様式変更（P.33）
- 過労死ライン（脳・心臓疾患の労災認定基準）の改正※

2020年（令和2年）
- 中小企業でも時間外労働の上限規制が適用に（P.150）
  1年720時間以内，単月100時間未満（休日労働含む），複数月平均80時間（休日労働含む）を限度
- 労働者名簿・賃金台帳などの保存期間が5年（当面3年）に
- 未払賃金請求権の消滅時効が5年（当面3年）に
- 身元保証契約の極度額（保証人が負担すべき上限額）設定（P.111）

2022年（令和4年）
- 中小企業におけるパワハラ防止（P.170）
- 傷病手当金の支給期間の通算化
  傷病手当金の支給期間が，支給開始日から「通算して1年6か月」に
- 育児介護休業法改正（出生時育児休業の創設など）（P.201）
- 社会保険（健康保険・厚生年金保険）の適用拡大・101人以上～（P.102）
- 成人年齢が20歳から18歳に引き下げ（民法）

最低賃金は

2020　2021　2022

（※）脳・心臓疾患の労災認定基準改正点
・労働時間（発症前1か月間に100時間または2〜6か月間平均で月80時間を超える時間外労働）
・上記の水準には至らないがこれに近い時間外労働　＋一定の労働時間以外の負荷要因（勤務時間の不規則性，心理的・精神的負荷を伴う業務など）など
（※）精神疾患の労災認定基準の改正点
　業務による心理的負荷(ストレス)評価表の見直し　など

2023年（令和5年）
・中小企業でも月60時間を超える時間外労働の割増賃金率が50%に（P.151）
・デジタルマネーによる賃金の支払いが解禁（P.188）
・過労死ライン（精神疾患の労災認定基準）の改正※

2025年（令和7年）
・高年齢雇用継続給付の給付率引き下げ（15%⇒10%）
・継続雇用制度の経過措置終了（原則・継続雇用を希望する労働者を65歳まで雇用）（P.208）
・育児介護休業法改正
① 子の看護休暇の拡充
② 残業免除の対象労働者の範囲を拡大
③ 育児のためのテレワーク等の義務化　など

2024年（令和6年）
・労働条件の明示ルールの見直し（P.132）
・裁量労働制（専門業務型，企画業務型）の見直し（P.59, 64）
・建設業，自動車運転者，医師の時間外労働の上限規制の適用（P.150）
・社会保険（健康保険・厚生年金保険）の適用拡大・51人以上〜（P.102）

年々アップ

2023　　2024　　2025

第1章

後回しにされやすい労務管理を
最重要項目として捉える！

① 労務管理とは

　会社の事務には，労務・税務・総務・法務などがあります。「労務管理」とは，社員の「労務」に関することを管理する業務です。「労務」には，就業規則の作成，雇用契約書の作成，給与計算，勤怠管理，人事評価，入社・退職などに伴う労働・社会保険の手続き等があり，その業務範囲は多岐にわたります。労務管理をしっかり行うことで，良好な労使関係を維持し，働きやすい職場環境を整えることができ，その結果，社員のモチベーションアップにつながり，社員の定着・離職率低下や生産性向上が期待できます。

≪労務管理の主な目的≫

①健全な労使関係の維持　②社員のモチベーションアップ　③生産性の向上

④社員の定着，離職率の低下　⑤法令順守 リスク回避

2　　第1章　後回しにされやすい労務管理を最重要項目として捉える！

　労務管理の主な種類と業務内容は次のとおりです。

≪主な労務管理と業務内容≫

労務管理の種類	業務内容
雇用契約書（P.130）	入社時に書面でしっかりと労働条件を定めて，雇用契約書を交わしておくことでトラブル回避となります。
就業規則（P.5, 7, 9）	常時10人以上の労働者を使用する場合は，就業規則を作成し，労働基準監督署へ届け出る必要があります。
労使協定（P.33, 45, 49, 53 等）	代表的な労使協定では，36協定があります。時間外労働・休日労働を行う場合は，労働基準法第36条に基づき，労使協定を書面で締結し，行政官庁（所轄労働基準監督署長）に届け出ます。この他にも労使協定の種類は多数あります。
法定4帳簿（P.17）	労働者名簿，賃金台帳，出勤簿，年次有給休暇管理簿（法定4帳簿）は，会社のすべての労務管理の最も基本となる重要な帳簿書類です。
勤怠管理（P.23）	会社は，社員の労働日ごとの始業・終業時刻を確認し，これを適正な方法で記録して，労働時間を適正に把握しなければなりません。
給与計算（P.17, 42, 100, 188, 191）	賃金支払いの5原則，最低賃金法，社会保険諸法（雇用保険法，健康保険法，厚生年金保険法），税法などを遵守し，適正に計算を行い，給与を支払います。
健康管理，安全衛生管理（P.93, 97, 231）	会社は1年以内ごとに1回，定期健康診断を行うことが義務づけられています。
パワハラ・セクハラ対策（P.170, 174）	職場におけるパワハラやセクハラ，妊娠・出産・育児休業等に関するハラスメントを防止するために，会社は雇用管理上必要な措置を講じなければなりません。
福利厚生	慶弔見舞金制度や資格取得のための費用補助など，社員（や家族）のために提供する給与以外のサービスです。
労働・社会保険手続き（P.100）	会社は，社員を雇用するうえで，労災保険，雇用保険，健康（介護）保険，厚生年金保険に加入することが義務づけられています。加入をすることで，社員の病気，ケガ，結婚，出産などで必要な給付を受けることができ，高齢になれば年金を受け取ることができます。

※本書においては，労務管理の中に，一部人事管理項目も含まれております。

② 戦略的労務管理とは

　組織には，ヒト・モノ・カネ・情報・知識など様々な資源がありますが，その中でも「ヒト（人）」の資源を扱うのが労務管理です。

　「戦略的労務管理」とは，経営戦略に紐づけて，戦略的に労務管理を行っていくことです。すなわち，経営目標が達成できるように戦略的・計画的に労務管理を行い，社員がパフォーマンスを最大限発揮できるようにしていきます。

　チャンドラー（Alfred DuPont Chandler.Jr.）は，戦略とは「一企業体の基本的な長期目的を決定し，これらの諸目的を遂行するために必要行動方式を採択し，諸資源を割り当てること」と定義しています。目標を達成するためにヒト・モノ・カネ・情報・知識などを駆使していきます。『組織は戦略に従う』ということです。経営理念（P.11）があり，そのうえで経営戦略を立て，労務管理をしっかりと行い，組織を作り上げていきます。環境変化が早くスピードが求められる時代，中小企業にとって大事な考え方です。

「組織は戦略に従う」　経営理念⇒経営戦略⇒組織（ヒト）

　また，バーニー（Jay B. Barney）は，企業資源は戦略を考え，実行するために使うことのできる「強み」であるとしています。内部資源である「ヒト」を大切にするために労務管理や人事管理をしっかり整備していく必要があります。SWOT分析では，内部環境の「強み」と「弱み」，外部環境の「機会」と「脅威」を分析し，経営戦略策定に役立てますが，その中でも内部資源である「ヒト」を強みの一要因にするためにも戦略的労務管理は重要な考え方です。

　「ヒト」が育てば，技術力やチームワークなどが向上し，自社の「強み」(例)となっていきます。自社の弱みに，「残業が多い」「休日が少ない」「離職率が高い」などがある場合は，原因を把握し改善を行い，自社の強みは，「労務管理がしっかりしていて，社員がいきいきとしている」とすることができればいうことはありません。また，労務管理だけはなく，同時に人事管理・組織管理を

進めていく必要があります。

※「戦略的人的資源管理（Strategic Human Resources Management）」では，様々な研究がなされ，人的資源管理と企業業績に正（有意）の相関関係があると実証されていますが，本書では，あくまで学者の視点ではなく，１実務家の視点からの見解であることをご了承願います。

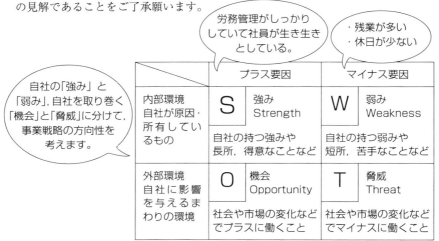

SWOT分析：SWOT分析とは，自社の内部資源の「強み」（Strength）と「弱み」（Weakness），外部環境の「機会」（Opportunity）と「脅威」（Threat）の４つの要素で要因分析することで，会社事業の改善点や将来のリスクなどを見つけることができるフレームワークです。

上場審査の場合は，足りない労務管理箇所を，スケジュールを立てて，埋めていく

　上場審査の場合は，足りない労務管理の項目を，スケジュールを立てて，スピーディに調査・改善対応をしていきます。足りない労務管理の項目を調査し，改善していくことを労務デューデリジェンス（労務監査）といいます。中小企業においては，上場審査時のような厳格な対応までは必要ありません（原則的には必要）が，自社でできることを１つずつ確実に実行していくという考え方は必要です。

例えば，
・健康診断を1年に1回必ず全員行う
・今年は就業規則の改定をする
・社員研修会や社員旅行を企画・実行する
といった形で一歩一歩改善していければ，労務管理の観点から，社員にとって働きやすい魅力のある会社に近づいていきます。

③ 就業規則の重要性

　リーマンショック，東日本大震災，新型コロナウイルス感染症（COVID-19）など，人の生活に大きな影響を与え，経営・経済活動にも大きな制限を与える出来事（不況要因）が，節目で続いています。

　大変なときだからこそ，経営資源（ヒト・モノ・カネ・情報）の中でも最も重要な「ヒト（人）」に目を向けて，会社運営の土壌となる就業規則を作成し，きちんと運用することにより，社員との信頼関係が構築され，経営活動に協力してくれるようになります。その結果，困難な環境下でも安定した経営が可能となります。

　会社は，組織目標を達成するために，様々なルールを作成・運用していきます。その中で就業規則は，会社内で働く社員の労働時間，賃金，年次有給休暇などの労働条件や服務規律などを規定したルールブックとなります。

　働く社員の権利意識は年々高まり，労使トラブルに発展するケースも増えています。労使トラブルに，会社の人数規模は関係ありません。今まで労使トラブルがなかったとしても，今後起こる可能性は十分にあるのです。

　最近では，令和3年4月から，「同一労働同一賃金」を義務化するパートタイム・有期雇用労働法が施行され，パートタイマーの待遇について正社員と比較して不合理な格差を設けることが禁止されています。しかし，正社員と同様の就業規則で運用してしまうとあらゆる面でリスクを伴います。正社員就業規

則とパート就業規則は別に作成することが大切です。

就業規則見直しの必要性

　就業規則は，数年に一度は，見直す必要があります。

　見直す必要性は，次のとおりです。

---
① 労働基準法などの法改正への対応
② 社員の待遇向上やリスクヘッジ対応
③ 労働基準監督署の行政指導対応

　労働基準法などの法律は，例年改正があり，2，3年に一度はブラッシュアップをして就業規則に落とし込んでいく「クセ」をつけないと，あっという間に時流から取り残されてしまい，せっかく作成した就業規則も形骸化してしまいます（①）。

　就業規則を見直すことで，社員の待遇向上にもつながります。年次有給休暇は，年に5日の取得が平成31年4月から義務化されており，労働基準法の改正自体が社員の待遇向上につながっています（②）。

　就業規則に絶対的必要記載事項（P.9参照）を漏れなく記載することで，労働基準監督署の調査が入った場合に，自信を持ってしっかりと対応することが可能となります。就業規則に記載されるべき事項が記載されていない場合は，作成義務違反となり，是正勧告（P.222参照）の対象となります（③）。

就業規則の作成と届出，周知

　常時10人以上の労働者を使用する使用者は，就業規則を作成し，所轄労働基準監督署への届出が義務づけられています。（労働基準法第89条）

　「常時10人以上」には，パートタイマー・アルバイトも含みます。

　作成した就業規則は，常時各作業場の見やすい場所へ掲示し，または備え付

ける等の方法で，労働者に周知させなければなりません（労働基準法第106条）。

また，就業規則が効力を有するためには，①合理的な労働条件を定めていること，②周知させていることの2つの要件が必要です（労働契約法第7条）。

≪周知方法≫

① 常時各作業場の見やすい場所へ掲示する，または備え付ける。
② 書面で労働者に交付する。
③ 磁気テープ，磁気ディスクその他これらに準ずる物に記録し，かつ，各作業場に労働者が当該記録の内容を常時確認できる機器を設置する。
例） 就業規則をPDF化し，社内の共有サーバーやグループウェアでいつでも見られるような状態などです。

④ 就業規則の作り方

前述のとおり，常時10人以上の労働者を使用する場合は，就業規則を作成し，労働基準監督署へ届け出る必要があります。労働者が2～3人程度になったら就業規則を意識して作成を始めても良いでしょう。よく「30人の壁」(社長の目の行き届く人数）といわれますが，社員数30人まででしたら，経営者のトップダウンで就業規則を作成することも可能です。30人を超える場合は，幹部社員や総務部社員と一緒に，就業規則作成チームを立ち上げるのも効果的です。

就業規則のタイトル

就業規則は，労働条件や賃金，退職金などすべてを盛り込むと内容が膨大になり，読みにくくなります。わかりやすくするために，基本となる規程を「就業規則」とし，その下位の規程を「○○規程」とします。さらにその下位の内規を「○○細則，○○基準」とします。

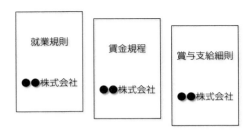

≪就業規則の具体的な作り方≫

就業規則規定事項の検討	会社の経営方針をベースに，書籍等を参考にして，規定事項を洗い出し，箇条書きにしていきます。

⬇

ルール，運用基準を作成する	例えば，「役職手当」の場合は，「係長で2万円」などと決定していきます。

⬇

記載漏れをチェックする	今回の作成（変更）で定めるべき内容がしっかりと記載されているか，法律上必要な事項（P.9参照）は記載されているかチェックします。

⬇

法令違反をチェックする	条文化する前に，労働基準法他，法令に違反していないかを確認します。

⬇

条文化する	わかりやすい文章で記載していきます。

⬇

新旧就業規則対照表作成（就業規則変更の場合）	就業規則の変更の場合は，旧規則と新規則でどこがどのように変わったかを記載することで，比較検討することが可能となり，備忘としても役立ちます。

⬇

就業規則案の審議・確認	審議をして最終版を確定させます。

⬇

就業規則説明会の開催	就業規則説明会を開催し，社員に周知していきます。

≪就業規則，規程の一覧（例）≫

　就業規則（本則）　　　賃金規程
　育児・介護休業等規程　パートタイマー就業規則
　有期契約社員就業規則　社有車管理規程
　退職金規程　　　　　　慶弔見舞金規程
　出張旅費規程　　　　　マイカー管理規程
　ハラスメント防止規程　等

5　就業規則の届出

　就業規則は，「就業規則（変更）届」「意見書」を添付して，所轄労働基準監督署へ届け出ます。労働者の過半数で組織する労働組合がある場合にはその労働組合，労働組合がない場合は労働者の過半数を代表する者の意見を聴き，意見書を作成します。代表者の選出は，①管理監督者でないこと，②民主的な投票や挙手，話合いなどの方法によることが必要です。提出書類は，正副2部で作成します。副本は，労働基準監督署の受理印をもらい，会社で保管します。

就業規則の記載内容

　就業規則の記載内容には，絶対的必要記載事項，相対的必要記載事項，任意的記載事項の3種類の記載事項があります。

1）　絶対的必要記載事項
　就業規則に必ず記載しなければならない事項です。

①	労働時間関係	始業及び終業の時刻，休憩時間，休日，休暇並びに労働者を2組以上に分けて交替で就業させる場合においては就業時転換に関する事項
②	賃金関係	賃金（臨時の賃金等を除く）の決定，計算及び支払いの方法，賃金の締切り及び支払いの時期並びに昇給に関する事項
③	退職関係	退職に関する事項（解雇の事由を含む）

2） 相対的必要記載事項

会社でルールを定める場合には記載しなければならない事項です。

①	退職手当関係	適用される労働者の範囲，退職手当の決定，計算及び支払いの方法並びに退職手当の支払いの時期に関する事項
②	臨時の賃金・最低賃金額関係	臨時の賃金等（退職手当を除く）及び最低賃金額に関する事項
③	費用負担関係	労働者に食費，作業用品その他の負担をさせることに関する事項
④	安全衛生関係	安全及び衛生に関する事項
⑤	職業訓練関係	職業訓練に関する事項
⑥	災害補償・業務外の傷病扶助関係	災害補償及び業務外の傷病扶助に関する事項
⑦	表彰・制裁関係	表彰及び制裁の種類及び程度に関する事項
⑧	その他	事業場の労働者すべてに適用されるルールに関する事項

3） 任意的記載事項

　会社が任意に記載する事項です。経営理念（P.11）や経営方針，会社独自の取り組み，服務規律などを記載していきます。任意的記載事項を有効に活用することで，労務管理の側面から経営につなげていくことが可能となります。

6　経営理念の重要性　　11

⑥　経営理念の重要性

経営理念とは

　経営理念を簡単に説明すると，「経営理念＝会社の（社会的）存在意義」です。この会社は「何のために存在しているのか？」，それを明文化したのが「経営理念」です。継続的・計画的に事業を遂行する組織として，それを実現するため，全社員共通の基本姿勢や行動基準を明文化します。

「トップマネジメントの責任は，方向づけ，計画，戦略，価値，原則，構造，関係，提携，合弁，研究，開発，設計，イノベーションにおよぶ。組織としての個の確立には価値観が必要となる。ネクスト・ソサエティにおけるトップマネジメントの最大の仕事が，組織としての個の確立である。しかし，ネクスト・ソサエティにおける企業の最大の課題は，<u>社会的な正統性の確立，すなわち価値，使命，ビジョンの確立である。</u>他の機能はすべてアウトソーシングできる」

（P.F.ドラッカー／『ネクスト・ソサエティ』）

経営：継続的・計画的に事業を遂行すること。特に，会社・商業など経済的活動を運営すること。また，そのための組織
理念：事業・計画などの根底にある根本的な考え方
経営理念：<u>企業経営における基本的な価値観・精神・信念あるいは行動基準を表明したもの</u>

（『広辞苑』）

会社の社会的意義を明らかにする

　会社はどのように事業を行い，どのようにして社会に貢献するかを考えて明文化します。経営環境の変化があっても会社は社会に必要とされる存在でなくてはなりません。「不易流行」という言葉があります。「不易」とは，変わらな

い普遍を意味し，経営理念がそれに該当します。「流行」とは，新しいものを求め，時代に即した革新を行うことで，経営方針や運営方針があたります。経営の根幹として「不易」の経営理念があり，時代に合わせて柔軟に変化していくのです。

経営理念の浸透

　経営者の思いや会社が何のために存在しているのかを社員に浸透させます。会社が大事にしている価値観を社員に浸透させることで，同じ目標に向かって社員と会社が一丸となって行動することを目指していきます。経営理念を体現するのは，経営者だけではなく，会社の社員全員です。経営理念なくして会社の発展，存続はできないと断言してもいいでしょう。

　社員一人ひとりが経営理念を理解して共鳴することで，会社のすべての行動が経営理念の精神に沿って進むことになります。経営理念が社員全員に浸透することで，それが社風となり企業文化となっていきます。

　社員や社会に広く経営理念を浸透させるには，入社時に経営理念が記載された就業規則を社員に手渡す，明文化した経営理念をホームページに掲載する，経営理念の勉強会を開催するなどの方法があります。

≪経営理念を浸透させる方法≫

①　入社時に社員に手渡す（就業規則やハンドブックなど）。
②　明文化をし，ホームページに掲載する。
③　経営理念の勉強会を開催する。

就業規則に経営理念を記載する

　就業規則には，「前文」を定める場合があります。前文は，任意的記載事項に該当します。経営理念や経営方針，会社独自の取り組みなどを記載していきます。任意的記載事項を有効に活用することで，労務管理の側面から経営につなげていくことが可能となります。また，会社が大事にしている価値観を就業

規則というツールを用いて，社員に読んでもらい，浸透させることができます。

労働基準法をわかりやすく教えてほしい！

　労働基準法は，憲法第25条，第27条の規定を受けて，昭和22年4月7日に公布され，同年9月1日にその大部分の規定が施行されました。この法律は，労働者が人たるに値する生活を営むための労働条件の最低基準を定めています。

> 吉田茂内閣（第1次）
> 「朕は，帝国議会の協賛を経た労働基準法を裁可し，ここにこれを公布せしめる。」

> ○憲法第25条（生存権）
> 　すべて国民は，健康で文化的な最低限度の生活を営む権利を有する。
> 2　国は，すべての生活部面について，社会福祉，社会保障及び公衆衛生の向上及び増進に努めなければならない。

> ○憲法第27条（勤労の権利と義務）
> 　すべて国民は，勤労の権利を有し，義務を負ふ。
> 2　賃金，就業時間，休息その他の勤労条件に関する基準は，法律でこれを定める。
> 3　児童は，これを酷使してはならない。

> ○労働基準法第1条（労働条件の原則）
> 　労働条件は，労働者が人たるに値する生活を営むための必要を充たすべきものでなければならない。
> 2　この法律で定める労働条件の基準は最低のものであるから，労働関係の当事者は，この基準を理由として労働条件を低下させてはならないことはもとより，その向上を図るように努めなければならない。

　労働基準法では，最低限守らなくてはならない労働条件を定めています。労働基準法を下回る労働条件は無効となります。例えば，1日の労働時間を9時間として労使（労働者と使用者）が合意していたとしても，労働基準法では1日の労働時間は8時間と定められていますので，無効です。国家公務員等の一部を除いて，日本国内のすべての労働者に原則として適用されます。日本国内で働くすべての外国人についても適用されます。

《労働基準法で定められている主な項目》

■賃金の支払いの原則（P.188）直接払い，通貨払い，全額払い，毎月払い，一定期日払い
■契約期間（P.141）有期労働契約の場合，原則3年，専門的労働者は5年
■労働時間の原則（P.21）1週40時間，1日8時間
■時間外・休日労働（P.29〜）……36協定の締結（P.33）
■割増賃金（P.30）時間外・深夜2割5分以上，休日3割5分以上の支払い
■就業規則（P.5, 29）就業規則の作成や届出義務
■解雇予告（P.143）労働者を解雇しようとするときは30日以上前の予告または30日分以上の平均賃金の支払い
など

◆**労働基準法は，民法の「特別法」**

　労働基準法は，民法の「特別法」として制定されました。労働基準法などができるまでは，民法で労使間の問題を処理していました。

　労働基準法は，民法等の一般法より優先されます。民法は，任意法規であるのに対し，労働基準法は強行法規です。民法の違反行為については，訴訟で争うのに対し，労働基準法の違反行為があった場合は，罰金刑や懲役刑に処せられます。

◆**労働基準法違反の罰則**

　労働基準法で定める労働条件は最低基準であるため，違反した場合は，その最低基準に満たない部分はすべて無効となります。労働基準法に違反した場合には，罰金刑だけではなく懲役刑も科される場合があります。通常は違反がある場合，すぐに罰則が科されるわけではなく，労働基準監督署より違反を是正するための「是正勧告」（P.222）が出されます。

■1年以上10年以下の懲役または20万円以上300万円以下の罰金
　強制労働の禁止

■1年以下の懲役または50万円以下の罰金
　中間搾取の排除，最低年齢，坑内労働の禁止　など

■6か月以下の懲役または30万円以下の罰金
　均等待遇（差別的取り扱いの禁止），男女同一賃金の原則，公民権行使の保障，賠償予定の禁止，解雇制限，解雇の予告，法定労働時間を超える時間外労働，休憩，休日の付与，割増賃金の支払い，年次有給休暇の付与　など

■30万円以下の罰金
　契約期間等，労働条件の明示，退職時の証明，賃金の支払い，出来高払いの保障給，変形労働時間制に関する協定の届出，事業場外労働のみなし労働時間制・裁量労働制に関する協定の届出，就業規則の作成及び届出の義務，制裁規定の制限，法令等の周知義務，労働者名簿，賃金台帳，記録の保存　など

《労働基準法改正の歴史（要約）》

■制定時（昭和22年）
① 　通常の労働時間制（１日８時間，１週48時間）
② 　割増賃金は，時間外労働，深夜労働，休日労働について２割５分以上
③ 　４週間以内の期間を単位とする変形労働時間制

社会経済情勢の変化⇒労働基準法40年ぶりの大改革

■昭和62年改正
① 　法定労働時間の短縮（週40時間労働制を本則に規定）
② 　変形労働時間制の導入（フレックスタイム制，１か月単位・３か月単位の変形労働時間制等の導入）
③ 　事業場外及び裁量労働についての労働時間の算定に関する規定の整備

■平成５年改正
① 　法定労働時間の短縮（週40時間労働制を平成６年４月１日から実施。一定の業種について猶予措置）
② 　１年単位の変形労働時間制の導入
③ 　時間外・休日の法定割増賃金率（政令で，時間外労働は２割５分以上，休日労働は３割５分以上）
④ 　裁量労働制の規定の整備（対象業務を労働省令で規定）

■平成10年改正
① 　時間外労働に関して，労働大臣は労使協定で定める労働時間の延長の限度等について基準（限度基準告示）を定め，関係労使は労使協定を定めるに当たり，これに適合したものとなるようにしなければならないこと等とした。
② 　企画業務型裁量労働制の導入

■平成15年改正
① 専門業務型裁量労働制を導入する場合の労使協定の決議事項に、健康・福祉確保措置及び苦情処理措置を追加
② 企画業務型裁量労働制の対象事業場について、本社等に限定しないこととしたほか、労使委員会の決議について、委員の5分の4以上の多数によるものとするなど、導入・運用の要件・手続きについて緩和

割増賃金率は、今までの2倍に！

■平成20年改正
① 1か月に60時間を超える時間外労働について割増賃金率を**5割以上**へ引上げ（中小事業主の事業については当分の間、適用を猶予）
② 労使協定により、改正による引き上げ分の割増賃金の支払いに代えて、代替休暇を与えることを定めた場合に、その休暇に対応する割増賃金の支払いを要しないこととした。

働き方改革！

■平成30年改正
① 時間外労働の上限規制の導入（P.150）
② 中小企業における月60時間超の時間外労働に対する割増賃金の見直し（P.151）
③ フレックスタイム制の見直し（P.56）
④ 年5日の有給休暇を確実に取得（P.152）
⑤ 高度プロフェッショナル制度の創設

■以降
① 民法改正に伴い消滅時効期間、付加金請求ができる期間及び記録の保存期間等が延長
② 労働基準法施行規則等の改正により、届出書類の押印を廃止

第2章

労務管理の基礎を押さえて，会社の体制を整える！

① 会社が備え付ける法定4帳簿とは

　労働者名簿，賃金台帳，出勤簿，年次有給休暇管理簿は，「法定4帳簿」といわれ，法令で作成が義務づけられているだけでなく，会社のすべての労務管理の最も基本となる重要な帳簿書類です。労働基準監督署，ハローワーク等に提出する書類に添付を求められる場合があります。

＜労働者名簿＞

　労働者名簿とは，労働者の氏名や生年月日などを記入した名簿のことです。

＜賃金台帳＞

　賃金台帳とは，基本給や諸手当，社会保険料・所得税等の金額，労働日数，労働時間数を記載した帳簿のことです。

> 給与明細書はてっきり労働基準法に定められていると思っていた…

≪POINT≫給与明細書

　労働基準法では，給与明細書の交付義務は明記されていません。ただし，所得税法（第231条）では，給与を支払う者は給与の支払いを受ける者に支払明細書を交付しなくてはならないと定められています。したがって，会社は社員に給与を支払う際に給与明細書を交付する必要があります。

＜出勤簿＞

　出勤簿は，労働者の労働時間を把握するための帳簿です。始業・終業の把握

18　第2章　労務管理の基礎を押さえて，会社の体制を整える！

や残業時間の把握，賃金台帳を作成するとき（労働時間の把握）に必要です。

＜年次有給休暇管理簿＞

　平成31年4月の労働基準法改正により，時季，日数，基準日の必須事項を労働者ごとに記載した年次有給休暇管理簿を作成し，保管することが義務となりました。

記載項目	内容
①　時季	年次有給休暇を取得した具体的な日付
②　日数	基準日から1年間に取得したすべての日数
③　基準日	年次有給休暇を取得する権利が与えられた日

　年次有給休暇管理簿は労働者名簿または賃金台帳とあわせて調製することが可能です。また，必要なときにいつでも出力できる仕組みであれば，システム上（エクセル，勤怠管理ソフト）で管理することも差し支えありません。

≪法定4帳簿の記載項目≫

帳簿	記載項目	
労働者名簿	①　労働者の氏名	②　生年月日
	③　履歴	④　性別
	⑤　住所	⑥　従事する業務の種類
	⑦　雇入れの年月日	
	⑧　退職の年月日及びその事由（解雇の場合にはその理由）	
	⑨　死亡の年月日及びその原因	
賃金台帳	①　労働者の氏名	②　性別
	③　賃金計算期間	④　労働日数
	⑤　労働時間数	
	⑥　時間外労働，休日労働，深夜労働を行わせた場合は，それぞれの時間数	
	⑦　基本給や手当など賃金の種類ごとにその額	
	⑧　賃金の一部を控除する場合は，その控除する額	
出勤簿	①　出勤簿やタイムカード等の記録	
	②　使用者が自ら始業・終業時刻を記録した書類	
	③　労働者が記録した労働時間報告書など	

年次有給休暇管理簿	① 時季
	② 日数
	③ 基準日

≪労働者名簿，賃金台帳の様式例，年次有給休暇管理簿≫

労 働 者 名 簿

フリガナ	ウエノ イチロウ	性別	
氏名	上野 一郎	男	
生年月日	1978年 4月 10日		
現住所	東京都新宿区西新宿●丁目●番地●－205		
雇入年月日	2014年 4月 1日		
業務の種類	総務		
履歴	●●年3月 私立神田大学卒業 ●●年4月 赤羽商事株式会社入社 ●●年3月 同社退社		
解雇・退職 または死亡	年月日	年 月 日	
	事由		
備考			

賃金台帳

（常時使用される労働者に対用するもの）

		分	分	分	分	分	分	分
賃金計算期間								
労働日数		日	日	日	日	日	日	日
労働時間数		時間	時間	時間	時間	時間	時間	時間
休日労働時間数		時間	時間	時間	時間	時間	時間	時間
早出残業時間数		時間	時間	時間	時間	時間	時間	時間
深夜労働時間数		時間	時間	時間	時間	時間	時間	時間
基本賃金		円	円	円	円	円	円	円
所定時間外割増賃金		円	円	円	円	円	円	円
手当	手当	円	円	円	円	円	円	円
	手当	円	円	円	円	円	円	円
	手当	円	円	円	円	円	円	円
	手当	円	円	円	円	円	円	円
		円	円	円	円	円	円	円
		円	円	円	円	円	円	円
小計		0 円	0 円	0 円	0 円	0 円	0 円	0 円
非課税分賃金額		円	円	円	円	円	円	円
臨時の給与		円	円	円	円	円	円	円
賞与		円	円	円	円	円	円	円
合計		0 円	0 円	0 円	0 円	0 円	0 円	0 円
社会保険料控除	健康保険	円	円	円	円	円	円	円
	厚生年金・保険	円	円	円	円	円	円	円
	雇用保険	円	円	円	円	円	円	円
	小計	0 円	0 円	0 円	0 円	0 円	0 円	0 円
差引残		0 円	0 円	0 円	0 円	0 円	0 円	0 円
控除金	所得税	円	円	円	円	円	円	円
	市町村民税	円	円	円	円	円	円	円
	小計	0 円	0 円	0 円	0 円	0 円	0 円	0 円
実物給与		円	円	円	円	円	円	円
差引支払金		0 円	0 円	0 円	0 円	0 円	0 円	0 円
領収印		月 日 印	月 日 印	月 日 印	月 日 印	月 日 印	月 日 印	月 日 印

氏名　　　　　性別　　　　　所属　　　　　職名

年次有給休暇管理簿

部門名 _____　　　　氏名 _____　　　　年度分

入社年月日	基準日(第1基準日) 　年　月　日	有効期間	前年度繰越日数	日	計	日
年　月　日	第2基準日 　年　月　日	年　月　日(基準日) ～ 年　月　日	今年度付与日数	日		

年次有給休暇取得年月日 自　年　月　日 ～ 至　年　月　日	使用日数（時間数）	残日数（時間数）	請求等種別	請求日（指定日）	本人印	直属上司印	部門長印	備考
年　月　日 ～ 　年　月　日	日 時	日 時	・本人請求 ・計画年休 ・会社指定	／				
年　月　日 ～ 　年　月　日	日 時	日 時	・本人請求 ・計画年休 ・会社指定	／				
年　月　日 ～ 　年　月　日	日 時	日 時	・本人請求 ・計画年休 ・会社指定	／				
年　月　日 ～ 　年　月　日	日 時	日 時	・本人請求 ・計画年休 ・会社指定	／				
年　月　日 ～ 　年　月　日	日 時	日 時	・本人請求 ・計画年休 ・会社指定	／				
年　月　日 ～ 　年　月　日	日 時	日 時	・本人請求 ・計画年休 ・会社指定	／				
年　月　日 ～ 　年　月　日	日 時	日 時	・本人請求 ・計画年休 ・会社指定	／				
年　月　日 ～ 　年　月　日	日 時	日 時	・本人請求 ・計画年休 ・会社指定	／				

② 労働時間と休憩時間

労働時間とは

　労働時間とは，会社（使用者）の指揮命令下で労務を提供する時間のことをいいます。出社から退社までの時間は，労働時間と休憩時間で構成され，合わせて拘束時間と呼ばれています。

　労働基準法では，労働時間を次のとおり定めています。

労働基準法第32条（労働時間）

　使用者は，労働者に，休憩時間を除き1週間について40時間を超えて，労働させてはならない。

2　使用者は，1週間の各日については，労働者に，休憩時間を除き1日
　　について8時間を超えて，労働させてはならない。

　労働基準法第32条は，日本国憲法第27条2項（「賃金，就業時間，休息その他の勤労条件に関する基準は，法律でこれを定める。」）を受けて規定されました。

　労働時間の定義は労働基準法では明確になっておらず，一般的には，労働時間とは，休憩時間を除く，始業から終業時刻までのことで，「使用者の指揮命令の下におかれている時間」といわれています（三菱重工業長崎造船所事件，最高裁，平12・3・9）。

　厚生労働省の「労働時間の適正な把握のために使用者が講ずべき措置に関するガイドライン」では，「労働時間とは，使用者の指揮命令下に置かれている時間のことをいい，使用者の明示又は黙示の指示により労働者が業務に従事する時間は労働時間に当たる。」としています。黙示の指示とは，使用者による直接の業務命令がなくても，命令があったものと見なすことです。例えば，時間外労働が常態化していたにもかかわらず使用者が放任していた場合などが該当します。

間違えやすいですが，次のような時間は，労働時間に該当します。

① 始業前・終業後の着替え・清掃など
会社の指示により，就業を命じられた業務に必要な準備行為（着用を義務づけられた所定の服装への着替えなど）や業務終了後の業務に関連した後始末（清掃など）を事業場内において行った時間
② 手待時間
会社の指示があった場合には即時に業務に従事することを求められており，労働から離れることが保障されていない状態で待機などをしている時間（店員が来客が来るまで待っている時間など）
③ 研修・教育訓練など
参加することが業務上義務づけられている研修・教育訓練の受講や，会社の指示により業務に必要な学習を行っていた時間

休憩時間，作業後の入浴時間，一般健康診断の時間，研修であっても参加が任意であるもの，通勤時間は労働時間となりません。

※一般健康診断は，実務上は労働時間とし，賃金を支払うことが望ましいとされています。特殊健康診断（高気圧業務，放射線業務など一定の有害な業務に対する健康診断）は，労働時間に該当します。

休憩時間とは

休憩時間とは，労働から離れて休むことを保障されている時間です。1日の労働時間に応じて，労働時間の途中に，原則として一斉に，一定時間以上の休憩時間を与える必要があります。労働時間が6時間を超える場合は45分以上，8時間を超える場合は1時間以上与えます。1日の労働時間が6時間以内の場合は，休憩時間を与えなくても問題はありません。

≪休憩時間イメージ≫

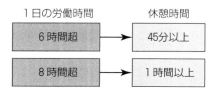

≪POINT≫昼休みの電話当番は休憩時間になるのか

休憩時間中でも顧客からの問い合わせなどに対応するため電話当番をすることがあります。この場合，電話がかかってくれば対応をしなくてはならないため会社の指揮命令下の労働時間となります。このように実際の作業をしていなくても，必要性が生じれば直ちに実作業に入れるように待機している時間（待機時間）は労働時間となります。

労働時間の適正な把握

会社は，労働者の労働日ごとの始業・終業時刻を確認し，適正に記録することが必要です。単に1日何時間働いたか（8時間や9時間）を把握するだけではなく，労働日ごとに始業時刻や終業時刻を使用者が確認・記録し，これを基に何時間働いたかを把握・確定する必要があります。

≪労働時間の適正な把握のために使用者が講ずべき措置≫

①　原則的な方法	・使用者が，自ら現認することにより確認すること ・タイムカード，ICカード，パソコンの使用時間の記録などの客観的な記録を基礎として確認し，適正に記録すること ➡タイムカード，ICカード，パソコンの客観的な記録を基本情報として，残業命令書や報告書などの記録と合わせて確認し，記録することになります。
②　やむを得ず自己申告制で労働時間を把握する場合	・自己申告を行う労働者や，労働時間を管理する者に対しても自己申告制の適正な運用等ガイドライン（労働時間の適正な把握のために使用者が講ずべき措置）に基づく措置等について，十分な説明を行うこと ・自己申告により把握した労働時間と，入退場記録やパソコンの使用時間等から把握した在社時間との間に著しい乖離がある場合には実態調査を実施し，所要の労働時間の補正をすること ・使用者は労働者が自己申告できる時間数の上限を設ける等適正な自己申告を阻害する措置を設けてはならないこと。さらに36協定の延長することができる時間数を超えて労働しているにもかかわらず，記録上これを守っているようにすることが，労働者などにおいて慣習的に行われていないか確認すること

自己申告による労働時間の把握は，あいまいな労働時間管理となりがちであ

るため，やむを得ず，自己申告制により始業時刻や終業時刻を把握する場合には，上記項目を遵守する必要があります。中小企業においては，タイムカードを導入していなかったり，費用面で勤怠ソフトが使えない場合も多いでしょう。自己申告制で出勤簿を提出する場合は，出勤した日にハンコを押すだけではもちろんいけません。始業，終業の時刻をしっかりと記載した出勤簿の提出が必要になります。また，昼休憩時に電話や来客対応のため，社員に昼当番をお願いした場合は，その当番の時間は労働時間となります。この場合は，昼当番を行った社員に別途休憩を与える必要があります。しっかりと把握し，労働時間を記録していきましょう。

≪望ましい労働時間の把握例≫

【例】始業時刻：9時　終業時刻18時
　　　休憩時間：12時〜 12時30分（昼休憩）
　　　　　　　　15時〜 15時30分（昼に取れなかった休憩）
　　　正確な労働時間：8時間

③　休日について

法定休日と所定休日

　休日とは，労働契約において，労働義務のない日をいいます。労働が継続して行われたときの心身の疲労を回復させるために労働基準法で規定しています。「少なくとも毎週1回の休日」（原則）または「4週間を通じて4日以上の休日」（変形休日制）を与える必要があります。これを法定休日といいます。

　所定休日は，法定休日以外に就業規則等で定めた休日をいいます。週休2日制（土・日休み）の会社で，日曜日が法定休日の場合，土曜日は所定休日となります。

　休日は，原則として，午前0時から24時（24時間）の暦日でカウントします。

≪法定休日≫

原則	少なくとも毎週１回の休日
変形休日制	４週間を通じて４日以上の休日

○「休日」とは，労働義務がない日のことをいいます（例：毎週日曜日など）。

○「休暇」とは，労働義務がある日に，労働者の申出等により労働義務を免除

することをいいます。

－法定休暇：年次有給休暇，産前産後休暇，看護休暇など

－法定外休暇：特別休暇，リフレッシュ休暇，誕生日休暇など

○休日カウントの列外

休日は，午前０時から24時（24時間）の暦日でカウントするのが原則ですが，

次に定める交替制の場合は，継続した24時間の休日とすることも可能です。

① 番方編成による交替制が就業規則等により制度化されていること

② 各番方交替が規則的に定められているものであって，勤務割表等でその都度設定されるものではないこと

※番方編成：24時間を３交替制で回すような場合

休日の定め方

休日は，原則として少なくとも毎週１回の休日を与える必要がありますが，必ずしも日曜日を休日にする必要はありません。就業規則で自由に決定することが可能です。完全週休２日制の会社では，法定休日を日曜日とし，所定休日を土曜日とするパターンも多いと想定されます。

変形休日制（４週間を通じて４日以上の休日）の場合は，特定の４週間に４日以上の休日が確保されていればよく，どの４週間を区切っても４日以上の休日が付与されている必要はありません。就業規則等で４週間の起算日を明らかにすることが必要です。

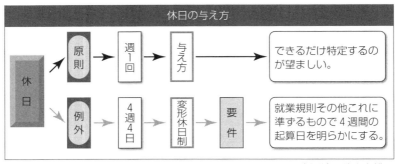

(出典) 徳島労働局

週休2日制とは

　1日の所定労働時間を法定労働時間の1日の上限（8時間）とすると，1週の上限（40時間）には，週5日の所定勤務日数で達します（8時間／日×5日＝40時間）。1週間は7日なので，週に2日休みとなります。法律では，週2日の休みは義務づけられていませんが，1日の所定労働時間を8時間で固定すると，下記のとおり必然的に週休2日となります。一方で，1日の所定労働時間をもっと短い時間，例えば6時間とすると，所定労働日を週6日としても1週の法定労働時間の範囲内となります（6時間×6＝36時間）。

　ただし，所定労働日数を週6日，つまり週休1日とすると，社員の募集・採用の際になかなか応募がないことや，良い人材が採用できないことも多く，現在では週休2日制が一般的であるといえるでしょう。毎週必ず2日の休日がある場合は，完全週休2日制となります。1日8時間の所定労働時間の会社の場合，週に5日労働で合計40時間になります。それ以上働かせてしまうと，週の法定労働時間を超えてしまうため，実質的に週休2日となります。

月	火	水	木	金	土	日
8時間	8時間	8時間	8時間	8時間		

40時間

③ 休日について **27**

振替休日と代休

　振替休日とは，あらかじめ休日と定められた日を労働日とし，他の労働日を休日とすることをいいます。就業規則に振替休日を規定し，少なくとも前日までに本人に予告する必要があります。もともとの休日に労働させた日は休日労働にはなりませんので，休日労働に対する割増賃金の支払義務は発生しません。ただし，振替により法定労働時間を超える場合は，時間外労働分の割増賃金が必要となります。

　代休とは，振替休日の要件を満たさずに休日労働をした場合に，その代償として以後の労働日を休みとするものです。休日労働に対する割増賃金の支払いが必要となります。

≪代休と振替休日の違い≫

	振替休日	代休
要件	・就業規則に振替休日を規定 ・前日までに本人に予告 ・法定休日を確保	休日出勤後，代償として休日を与える
振替後の休日または代休の指定	会社の指定	・会社の指定 ・社員の申請
割増賃金	支払いは不要 ※振替により法定労働時間を超える場合は，時間外労働分の割増賃金が必要	支払いが必要

週の起算日をどうするかで，割増賃金の有無も変わるのか…

≪POINT≫振替休日の考え方（土曜日起算日のパターン）

　1週間の起算日は特に定めがなければ，日曜日とされています。土曜日を起算日とすることで，時間外労働を一部回避することが可能となります。

① 土曜日を木曜日に振り替えるパターン（週の起算日は土曜日，同一週内で振替）

・割増賃金は不要

	土	日	月	火	水	木	金
振替前	休日	休日	出勤	出勤	出勤	出勤	出勤
振替後	出勤	休日	出勤	出勤	出勤	休日	出勤

※１日の労働時間：８時間

このパターンの場合，週の労働時間は40時間のため，割増賃金は不要です。

仮に，これが日曜日起算の場合になると……，

② 土曜日を木曜日に振り替えるパターン（週の起算日は日曜日，次週で振替）

・割増賃金必要（1.25）

	日	月	火	水	木	金	土
振替前	休日	出勤	出勤	出勤	出勤	出勤	休日
振替後	休日	出勤	出勤	出勤	出勤	出勤	出勤
翌 週	休日	出勤	出勤	出勤	休日	出勤	休日

となり，１週の労働時間が40時間を超えてしまうため，割増賃金が発生します。

※１日の労働時間：８時間

※行政通達（昭63・１・１基発１号・婦発１号）によると，就業規則等において別段の定めがないのであれば，日曜から土曜までの暦週をいうものと解されるとしているため，日曜日を起算日としていますが，企業によっては土曜日・月曜日を起算日としている場合もあります。土曜日を起算日（週の初め）とし，土曜・日曜を同一週内で振り替えれば，週の労働時間が40時間を超えないため，割増賃金の対象とはなりません。

　週をまたいで振り替えた場合で，週の労働時間が40時間を超えた部分については，割増賃金が必要になります。したがって，割増賃金を発生させないためには，同一週内でできるだけ振り替えるように心がけましょう。

≪就業規則　規定例≫

第○条（休日）

休日は，原則として次のとおりとする。

　① 毎週土曜日，日曜日

　② 国民の祝日

　③ その他会社が定める日

２　前項各号の規定にかかわらず，会社は業務上の必要があるときは，予告の上，休日を当該週のいずれかの日に振り替えることがある。

３　業務の都合により前項によることができないときは，当該休日（被振替日）を含む４週間以内のいずれかの日を振替休日として指定する。

４　前項，第２項における週の起算日は，毎週土曜日とする。

５　第３項の法定休日（日曜日）について４週間を通じ４日の変形休日制をとることがある。この場合の４週間の起算日は，○年○月○日とする。

4 残業の考え方

　残業とは，所定労働時間，法定労働時間を超える労働のことをいいます。
　法定労働時間を超えて働くことを法定外残業（法律上の時間外労働）といいます。

> ≪POINT≫所定労働時間と法定労働時間
> ◆所定労働時間
> 　法定労働時間の範囲内で，会社が決定した労働時間です（1日7時間30分，7時間など）。
> 　始業9時で終業が17時（休憩1時間）の場合は，所定労働時間は，7時間となります。
> ◆法定労働時間
> 　労働基準法（第32条）で定められた時間です。
> 　1日につき8時間，1週間につき40時間までと定められています。「～まで」となっているのは，すべての労働者の労働時間を一律に定めているのではなく，その上限を定めていることに注意しましょう。
> 　この時間は，原則として変えることができません。

≪労働時間と残業時間のイメージ≫

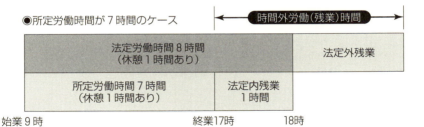

> POINT≪法定労働時間の特例≫
> 次の①～④の事業のうち，常時10人未満の労働者を使用する事業については，特例として1週間の法定労働時間は44時間とされています。
> ①　商業（卸売業，小売業など）　　②　映画・演劇業（映画製作は除く）
> ③　保健衛生業（病院，診療所など）　④　接客娯楽業（旅館，飲食店など）

30　　第2章　労務管理の基礎を押さえて，会社の体制を整える！

≪割増賃金の計算方法≫

◆法定内残業

　法定内残業とは，所定労働時間を超えるものの，法定労働時間内で収まる残業のことです。会社と労働者（労使）で特に取り決めがない場合は，時給単価に，1.0倍（等倍）を乗じて計算します（割増はなし）。始業9時で終業が17時（休憩1時間）の場合は，所定労働時間は，7時間となります。時給単価が1,200円の人が，残業を1時間行った場合は，1,200円×1時間×1.0＝1,200円を支払うことになります。

◆法定外残業（法律上の時間外労働）

　1日8時間，1週間につき40時間を超えた部分について，時給単価に25％以上の割増率を乗じた金額で計算します。

　　例）時給単価1,200円の場合（1時間）：1,200円＋（1,200円×0.25＝300円）＝1,500円

　　　法定外残業が月に60時間を超えた場合には，50％以上の割増率を乗じた金額で計算します。

◆休日労働

　法定休日労働をした場合は，休日割増として35％以上の休日割増賃金を支払わなければなりません。

　　例）時給単価1,200円の場合（1時間）：1,200円＋（1,200円×0.35＝420円）＝1,620円

◆深夜労働

　深夜労働（22時〜翌朝5時）をした場合は，深夜割増として25％以上の深夜割増賃金を支払わなければなりません。

　　例）時給単価1,200円の場合（1時間）：1,200円＋（1,200円×0.25＝300円）＝1,500円

≪POINT≫深夜手当の割増率

○深夜勤務が所定労働時間内　25％以上

○時間外労働が深夜に及んだ場合　50％（時間外25％＋深夜25％）以上

○休日労働が深夜に及んだ場合　60％（休日労働35％＋深夜25％）以上

≪1時間あたりの賃金額の計算方法≫

①	時給	時給単価
②	日給	日給÷1日の所定労働時間数
③	月給	月給÷月平均所定労働時間数
④	出来高給	出来高給÷1か月の総労働時間（時間外労働含む）

時間外労働・休日労働が認められる場合

　時間外労働・休日労働は，３６協定（P.33）を締結し，労働基準監督署長に届け出た場合に可能となります。災害その他避けることができない事由によって，臨時の必要がある場合には，事前に使用者が行政官庁の許可を受けることで可能となります。この場合は，３６協定の締結・届出は不要です。

≪時間外労働・休日労働が認められる場合≫

① 　労働基準法第36条に基づき，労使協定を書面で締結し，これを行政官庁（所轄労働基準監督署長）に届け出た場合（P.33）
② 　災害その他避けることができない事由によって，臨時の必要がある場合において，使用者が行政官庁（所轄労働基準監督署長）の許可を受けて，その必要の限度において労働させる場合（事態急迫の場合は，事後に届け出る）
③ 　官公署の事業（一部の事業を除く）に従事する国家公務員及び地方公務員が，公務のために臨時の必要がある場合

割増賃金の計算の基礎となる賃金

　割増賃金の計算の基礎となる賃金には，家族手当，通勤手当，別居手当，子女教育手当，住宅手当，臨時に支払われた賃金，１か月を超える期間ごとに支払われる賃金は算入しません。それ以外の賃金は，すべて算入します。

残業事前許可制

　事前にムダな残業（ダラダラ残業）を防止する観点から，就業規則等を整備し，予防策を事前に講じることで，無駄な残業代抑制効果はもちろんのこと，適正な労働時間管理を行うことによる一人ひとりの業務の見える化も可能となります。

　また，近頃の長時間労働に起因する健康問題に注意する意味でも，残業事前許可制度は有用であるといえます。

32　　第2章　労務管理の基礎を押さえて，会社の体制を整える！

≪POINT≫導入のポイント

1．就業規則への規定

　残業事前許可制度を導入する場合は，まず就業規則に規定する必要があります。時間外・休日労働の発生が予見される場合は，事前にその内容及び予定される時間数を「残業事前申請書」に記載し，事前に申請を行い，許可を得る旨の記載をします。

2．残業事前申請書の作成及び提出等

　残業が発生すると予見された場合には，すみやかに，残業事前申請書を作成し，提出してもらいます。記載項目は，残業日時，勤務内容，事由などです。管理者は残業事前申請書を受け取ったら，残業許可書を発行し，本人に渡します。

　事前申請をした時間をオーバーして残業を行った場合には，その実績と比較し，改善策を立てていく必要があります。

実務上の注意点

　行政解釈では，「使用者の具体的に指示した仕事が，客観的にみて正規の勤務時間内ではなされ得ないと認められる場合の如く，超過勤務の黙示の指示によって法定労働時間を超えて勤務した場合には，時間外労働となる」（昭25・9・14基収第2983号）としています。残業の事前承認をせずに残業をしていた場合でも，会社がその存在を知りつつ注意しないで放置していた場合は，黙示の指示をしていたものとされる可能性が高くなりますので，注意が必要です。

≪就業規則　規定例≫

（時間外・休日労働）

第○条

1．会社は，業務の都合により，時間外・休日労働に関する社員の過半数代表者との協定の範囲内で，時間外労働・休日労働を命じることができる。

2．社員が自身の担当業務又はこれに付随する業務につき，時間外・休日労働の発生が予見される場合は，事前にその内容及び予定される時間数を「残業事前申請書」に明記の上，所属長に申請し，許可を得なければならない。また，休日労働を行う場合は，直前の所定労働日の終業時刻までに所属長に申請し，許可を得る必要がある。

3．会社の命令又は所属長の許可の無い時間外労働又は休日労働は原則禁止とする。但し，緊急かつ，やむを得ず，許可なく時間外・休日労働を行い，後日その内容・時間数につき会社又は所属長による確認後，承認された場合についてはこの限りではない。

≪残業事前申請書フォーム例≫

株式会社○○

時間外・休日労働（残業）事前申請書

No.＿＿＿＿＿＿

令和　　年　　月　　日

所　属＿＿＿＿＿＿＿＿＿＿＿＿＿＿＿＿＿＿

氏　名＿＿＿＿＿＿＿＿＿＿　印

時間外労働・休日労働を下記の理由により事前申請します。

予　定　日	令和　年　　月　　日・令和　年　　月　　日
予定時間	時　　分から　　時　　分まで（　　時間　　分）
勤務内容	
事　　由	

- - - - - - - - - - - - - - - - - - - 切 り 取 り - - - - - - - - - - - - - - - - - - -

時間外・休日労働（残業）許可書

No.＿＿＿＿＿＿

令和　　年　　月　　日

所　属＿＿＿＿＿＿＿＿＿＿＿＿＿＿＿＿＿＿

氏　名＿＿＿＿＿＿＿＿＿＿　殿

時間外労働・休日労働を下記の要領で許可します。

日　程	令和　年　　月　　日・令和　年　　月　　日
時　　間	時　　分から　　時　　分まで（　　時間　　分）
勤務内容	

社長	所属長	担当

株式会社○○

⑤　３６協定（時間外労働・休日労働に関する協定）

　時間外労働や休日労働をさせる場合には，あらかじめ労使協定を締結し，労働基準監督署に届け出なければなりません。この労使協定は，労働基準法第36条で規定されていることから，「３６協定」と一般的に呼ばれています。

３６協定は，使用者と労働者代表者（労働者の過半数を代表する者）または労働組合（労働者の過半数を組織する労働組合）との間で締結しなければなりません。一度だけの締結ではなく，１年に１回締結し，労働基準監督署に届け出る必要があります。

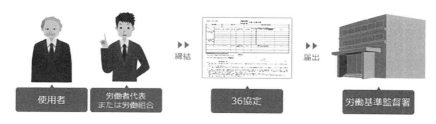

（出典）厚生労働省 「確かめよう労働条件」

労働者代表者の選出方法

　労働者代表者は，正社員だけでなく，パートやアルバイトなど事業場のすべての労働者の過半数を代表している必要があります。また，労働者代表者は，管理監督者（P.67，労働条件の決定その他労務管理について経営者と一体的な立場にある者）でない人が対象となります。選出方法は，挙手，投票，労働者による話合い，持ち回り決議など，労働者の過半数が対象者の選出を支持していることが明確になる民主的な手続きがとられていることが必要です。

　近年は，３６協定を含む労使協定の締結や就業規則届出時の意見聴取における労働者代表者の選出が適正に行われていないとして，中小企業でも労働基準監督署から指摘を受けることが増えていますので，注意が必要です。

≪労働者代表者の選出方法≫

①	労働者の過半数（パート・アルバイト含む）を代表していること
②	管理監督者に該当しないこと
③	選出は，すべての労働者が参加した民主的な手続き（挙手，投票など）がとられていること

３６協定で定めることができる時間

３６協定で定めることができる時間外労働の上限は，原則として，１か月45時間，１年360時間（限度時間）とされています（１年単位の変形労働時間制が適用される労働者の上限は１か月42時間，１年320時間）。

突発的な仕様変更や機械トラブルへの対応，決算業務など通常予見できない臨時的な特別の事情があって労使が合意する場合（特別条項）では，原則の上限時間を超えることができますが，次の①〜④を守る必要があります。

①　時間外労働は年720時間以内
②　時間外労働と休日労働の合計が月100時間未満
③　１年を通して常に，２〜６か月のそれぞれの平均が１か月あたりで80時間以内（休日労働含む）
④　時間外労働が月45時間を超えることができるのは，年６か月が限度

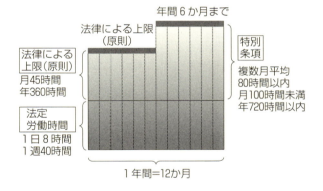

実は３６協定だけでは，ダメ

３６協定を締結，届け出て時間外・休日労働をさせても，労働基準法上では違反となりません。しかし，労働基準法の罰則を免れることはできるものの，労働者に時間外・休日労働をさせることの根拠にはなりません。時間外・休日労働をさせるためには，就業規則，労働協約，雇用契約書に「業務上必要があるときは，時間外・休日労働を命じる」旨（民事上の効果）を規定しておく必

要があります。

「36協定」で締結しなければならない事項

① 対象となる労働者の範囲，業務の種類及び労働者数
② 対象期間（1年間に限定）
③ 労働期間を延長し，または休日労働をさせることができる場合
④ 対象期間における1日・1か月・1年の期間について，労働時間を延長して労働させることができる時間または労働させることができる休日
⑤ 36協定の有効期間
⑥ 対象期間の起算日
⑦ 1か月あたりの時間外労働・休日労働の合計時間が100時間未満であること
⑧ 対象期間の初日から1か月ごとに期間を区分したうえで，時間外労働・休日労働の合計時間が2〜6か月平均80時間以内であること
※⑦，⑧は，36協定の様式のチェックボックスにチェックをします。

＜特別条項を定める場合の追加事項＞
⑨ 限度時間を超えて労働させることができる場合
⑩ 限度時間を超えて労働させる労働者に対する健康・福祉を確保するための措置
⑪ 限度時間を超えた労働に係る割増賃金率
⑫ 限度時間を超えて労働させる場合の手続き
⑬ 限度時間を超えて延長できる月数及び時間数

⑩の健康福祉確保措置は，過重労働による健康障害を防止する観点から，必ず定めなくてはなりません。健康福祉確保措置として講ずることが望ましい措置は次のとおりです。

① 医師による面接指導　② 深夜業（22時〜5時）の回数制限
③ 終業から始業までの休息時間の確保　④ 代償休日・特別な休暇の付与
⑤ 健康診断　⑥ 連続休暇の取得　⑦ 心とからだの相談窓口の設置
⑧ 配置転換　⑨ 産業医等による助言・指導や保健指導

36協定書と36協定届を別々に作成する場合には，36協定書に署名・押

5 36協定（時間外労働・休日労働に関する協定）

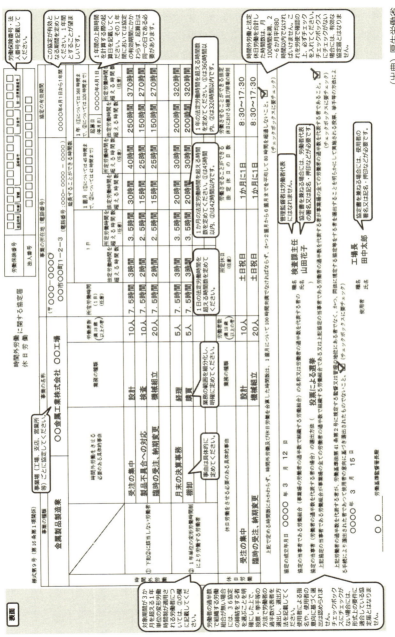

（出典）厚生労働省

印をすることで，３６協定届への署名・押印は不要となります。３６協定届が３６協定書を兼ねる場合には，署名・押印などが必要となるため，注意しましょう。厚生労働省の様式には，署名・押印欄はありません（令和6年4月現在）。

6 固定残業代について

固定残業制とは

固定残業制とは，現実の残業時間の有無・時間数にかかわらず一定時間数の残業代を毎月定額で支給するという方法です。固定残業制を導入する場合には，その運用及び書類整備に細心の注意が必要になります。

（例）【月平均労働時間160時間として試算】

基本給22万円

固定残業手当3万4,375円（時間外労働20時間分）

固定残業制を導入している場合には

就業規則などの書類の整備は必須となります。そのうえで運用もしっかり行う必要があります。固定残業制は，有効な方法ではありますが，これで残業代の問題がすべて解消できるということではありません。

固定残業代について争われた判例では，以下の判断が示されています。

＜創栄コンサルタント事件，大阪地裁，平14・5・17＞

「割増賃金部分が結果において法定の額を下回らない場合においては，これを同法に違反するとまでいうことはできないが，割増賃金部分が法定の額を下回っているか否かが具体的に後から計算によって確認できないような方法による賃金の支払方法は，同法同条に違反するものとして，無効」

> ＜共同輸送賃金等請求事件，大阪地裁，平9・12・24＞
> 「割増賃金の趣旨で支給された右手当のうち，どの部分が同条所定の割増賃金に相当するかが明確に峻別できなくてはならないというべきである。」

　なお，既存の社員について，その給与の基本給等から一部分を固定残業代に移行することは，特段の注意を要します。なぜなら，その社員にとっては不利益変更に該当するため，安易に導入するとその不利益な変更そのものが無効と判断される可能性があるからです。個別に同意を取り，導入・運用には丁寧な説明と慎重な協議が必要です。

固定残業制を導入している場合の注意点

・就業規則（賃金規程），雇用契約書等の整備

　賃金に残業代が含まれているといっても，その金額はいくらで，何時間分の残業代であるのかをはっきりさせておかなければなりません。雇用契約書，給与明細等にその旨を記載します。

① 手当の名称など，固定残業代に該当する賃金項目（例：固定残業手当など）を明記し，それが割増賃金にあたる旨を規定する。

② 実際の残業時間に基づいて法定どおり計算した割増賃金が，固定残業代を上回る場合には，その不足額を割増賃金として追加支給する旨を規定する。

③ 雇用契約書や賃金内訳書，給与明細等に，固定残業代の項目及びその金額，含まれている時間数を明示する。

・給与明細の整備

　実際の運用や給与明細の扱いに関する考え方です。

　裁判官によっても判決はばらばらではありますが，最高裁での補足意見では，「…支給時に支給対象の時間外労働の時間数と残業手当の額が労働者に明示されていなければならないであろう…」とされているため，給与明細等に，項目・金額・時間数の記載をしておく方が安全であるという見方もあります。反面，時間外労働時間の表示は必須ではないとした判決もあります（日本ケミカル事件，最高裁，平30・7・19）。

40　第2章　労務管理の基礎を押さえて，会社の体制を整える！

・給与明細

実際の給与の支給に当たり，次の2点が必要です。

> ①　給与明細において，固定残業代の項目及びその金額を明示すること
> ②　不足分の割増賃金の表示及び支給

固定残業制の最近の傾向を踏まえた対応

「就業規則や契約書に記載があるだけでは，認められない」といった例も数多くあります。最近は，固定残業制を採用する場合に，リスクヘッジの意味から，就業規則に，固定残業代の取り扱いについて記載をしている会社も多くなっています。

現実の問題としては，書類の整備だけして，一安心ではなく，その運用もしっかりとしていかなくてはなりません。実際の運用が重要なポイントになります。

また，実際の残業時間に基づいて法定どおり計算した割増賃金が，固定残業代を上回る場合には，その不足額を割増賃金として追加支給する必要があります。追加支給していない場合は，その有効性が否定される可能性が高いといえるでしょう。

（例）固定残業代に残業20時間分が含まれていて，残業を30時間行った場合

⇒残業代のみなし時間を超えて残業を行った場合は，その不足分について支払う必要があります。本事例では，不足10時間分を支払う必要があります。

基本給22万円　〔月平均労働時間160時間として試算〕

固定残業手当3万4,375円（残業20時間分）の場合

残業を30時間行い，不足時間が10時間生じた。

↓

1,718.75円×10時間＝17,188円（切り上げています）を追加支給する必要があります。

6　固定残業代について　　**41**

≪賃金規程　規定例≫

（賃金の構成）
第○条　賃金の構成は，次のとおりとする。（定額手当方式）

基本給	
手当	役職手当
	固定残業手当
	通勤手当
	家族手当
割増賃金	時間外労働割増賃金
	休日労働割増賃金
	深夜労働割増賃金

（固定残業手当）
第○条
1．固定残業手当に，第○条に定める割増賃金であり，時間外労働・休日労働及び深夜労働の有無および時間数にかかわらず，時間外・休日労働に関する労使協定により定められた事由により発生した，時間外・休日・深夜労働割増賃金に関する計算事務の煩雑化を防ぐことを目的とし，業務実態上予測可能な範囲内で，固定残業手当に含む時間数及び金額を雇用契約書・賃金月額内訳書等により明示し，固定残業手当として支払うものとする。
2．実際の時間外労働時間数，休日労働時間数及び深夜労働時間数に基づいて賃金規程第○条の規定により算出した割増賃金の額が固定残業手当を超過するときは，その超過額を割増賃金として，固定残業手当とは別に支給する。※
3．実際の時間外労働時間数，休日労働時間数及び深夜労働時間数に基づいて賃金規程第○条の規定により算出した割増賃金の額が固定残業手当を超過しないときは，固定残業手当を支給し，それ以外の割増賃金は支給しない。
4．第1項の固定残業手当は，一賃金計算期間中において就労日が0日であったときは，支給しない。

※「時間外労働分」「休日労働分」「深夜労働分」の割増賃金を区分して固定残業手当の項目を設定し，区分に応じて実際の支給（超過分含む）をする方がより安全であるという見方もあります。

7 最低賃金

　最低賃金とは，最低賃金法に基づいて，賃金の最低額を定め，労働者にその最低賃金額以上の賃金を支払わなければならないとする制度です。

　最低賃金は，毎年10月頃に改定されます。最低賃金には，都道府県ごとに定められた「地域別最低賃金」と特定地域内の特定産業ごとに定められた「特定（産業別）最低賃金」の２種類があります。

＜地域別最低賃金＞

　産業や職種にかかわりなく，各都道府県内の事業場で働くすべての労働者に適用されます。各都道府県に１つずつ，計47件の最低賃金が定められています。

＜特定（産業別）最低賃金＞

　「地域別最低賃金」よりも金額水準の高い最低賃金を定めることが必要と認められる産業について設定されています。

　地域別と特定（産業別）の両方の最低賃金が同時に適用される場合は，高い方の最低賃金額以上の賃金を支払う必要があります。

最低賃金計算時に除外する賃金

　最低賃金の対象となるのは毎月支払われる基本的な賃金です。最低賃金を計算する場合には，実際に支払われる賃金から以下の賃金を除外します。

①　臨時に支払われる賃金（結婚手当など）
②　精皆勤手当，通勤手当及び家族手当
③　時間外割増賃金
④　休日割増賃金
⑤　深夜割増賃金
⑥　１か月を超える期間ごとに支払われる賃金（賞与など）

最低賃金額の調べ方

　賃金が最低賃金額以上となっているかどうかを調べるには，最低賃金の対象となる賃金額と適用される最低賃金額を以下の方法で比較します。

---

(1)　時間給制の場合

　　時間給≧最低賃金額（時間額）

(2)　日給制の場合

　　日給÷1日の所定労働時間≧最低賃金額（時間額）

　　※日額が定められている特定（産業別）最低賃金が適用される場合には，

　　　日給≧最低賃金額（日額）　で計算します。

(3)　月給制の場合

　　月給÷1箇月平均所定労働時間≧最低賃金額（時間額）

(4)　出来高払制その他の請負制によって定められた賃金の場合

　　賃金の総額÷総労働時間数≧最低賃金額（時間額）

(5)　上記(1)(2)(3)(4)の組み合わせの場合

　　基本給が日給制で，各手当が月給制の場合は，それぞれ上記(2)，(3)の式により時間額に換算し，それを合計したものと最低賃金額（時間額）を比較します。

≪POINT≫最低賃金違反になるとどうなるのか？

・地域別最低賃金額以上の賃金額を支払わない場合

　⇒50万円以下の罰金（最低賃金法）

・特定（産業別）最低賃金額以上の賃金額を支払わない場合

　⇒30万円以下の罰金（労働基準法）

8　1週間単位の非定型的変形労働時間制

1週間単位の非定型的変形労働時間制とは

　1週間単位の非定型的変形労働時間制とは，常時使用する労働者が30人未満で，日によって繁閑の差が激しい小売業，旅館，料理店，飲食店の事業において，1週間単位で毎日の労働時間を弾力的に定めることができる制度です。労

使協定を締結し，労働基準監督署への届出が必要になります。

導入のポイント，協定例

・１週間単位の非定型的変形労働時間制の要件

　１週間単位の非定型的変形労働時間制を導入する場合は，労使協定を締結する必要があります。また，１週間が開始される前までに，１週間の各日の労働時間を書面で通知しなければなりません。ただし，緊急でやむを得ない事由がある場合※については，あらかじめ通知した所定労働時間を書面による通知にて変更することができます。そのときの書面による変更通知は，変更しようとする日の前日までにしなければなりません。

※緊急でやむを得ない事由がある場合：使用者の主観的なものではなく，台風，豪雨等の急変等客観的事実により当初想定した業務の繁閑に大幅な変更が生じた場合

≪１週間単位の非定型的変形労働時間制の要件≫

---

① 　労使協定を締結し，労働基準監督署へ届け出ること
② 　労働させる１週間の各日の労働時間を，原則としてその１週間が開始される前までに労働者に書面で通知すること

◆労使協定届例

様式第5号（第12条の5第4項関係）

1週間単位の非定型的変形労働時間制に関する協定届

事業の種類	事業の名称	事業の所在地（電話番号）	常時使用する労働者数
飲食店	株式会社金山フーズ	東京都新宿区西新宿○・○・○	10名

業務の種類	該当労働者数 （満18歳以上の者）	1週間の所定労働時間	変形労働時間制による期間
接客	10名	40時間	令和○年○月○日から 1年間

協定の成立年月日　令和　　　年　　　月　　　日
協定の当事者である労働組合（事業場の労働者の過半数で組織する労働組合）の名称
　　　又は労働者の過半数を代表する者の　職名　接客係
　　　　　　　　　　　　　　　　　　　　氏名　　○○○
協定の当事者（労働者の過半数を代表する者の場合）の選出方法
　　（　　　　　挙手　　　　　）
　　　上記協定の当事者である労働組合が事業場の全ての労働者の過半数で組織する労働組合である又は上記協定の当事者である労働者の過半数を代表する者が事業場の全ての労働者の過半数を代表する者であること。□（チェックボックスに要チェック）
　　　上記労働者の過半数を代表する者が、労働基準法第41条第2号に規定する監督又は管理の地位にある者でなく、かつ、同法に規定する協定等をする者を選出することを明らかにして実施される投票、挙手等の方法による手続により選出された者であって使用者の意向に基づき選出されたものでないこと。□（チェックボックスに要チェック）

　　　令和　　　年　　　月　　　日
　　　　　　　　　　　　　　　　　　　使用者　職名　代表取締役
　　　　　　　　　　　　　　　　　　　　　　　氏名　　△△△

　　　　　新宿　　　労働基準監督署長殿

記載心得
1　協定については、労働者の過半数で組織する労働組合がある場合はその労働組合と、労働者の過半数で組織する労働組合がない場合は労働者の過半数を代表する者と協定すること。なお、労働者の過半数を代表する者は、労働基準法施行規則第6条の2第1項の規定により、労働基準法第41条第2号に規定する監督又は管理の地位にある者でなく、かつ、同法に規定する協定等をする者を選出することを明らかにして実施される投票、挙手等の方法による手続により選出された者であって、使用者の意向に基づき選出されたものでないこと。これらの要件を満たさないハ場合には、有効な協定とはならないことに留意すること。また、これらの要件を満たしていても、当該要件に係るチェックボックスにチェックがない場合には、届出の形式上の要件に適合していないことに留意すること。
2　本様式をもって協定とする場合においても、協定の当事者たる労使双方の合意があることが、協定上明らかとなるような方法により締結するよう留意すること。

・対象となる事業

次のすべてを満たす事業が対象となります。

① 常時使用する労働者数が30人未満の事業場
② 小売業，旅館，料理店，飲食店の事業
③ 日ごとの業務に著しい繁閑の差が生ずることが多く，かつ，これを予測したうえで就業規則などにより各日の労働時間を特定することが困難であると認められる事業

46   第2章　労務管理の基礎を押さえて，会社の体制を整える！

・1日，1週間の所定労働時間

　1週間単位の非定型的変形労働時間制では，1日の労働時間の上限は10時間とされており，これを超えない範囲で所定労働時間を定める必要があります。各日の労働時間を定めるときは，労働者の意思を尊重するよう努めなければならないとされています。労使協定では，1週間の所定労働時間を40時間以内と定めます。

　特例で週法定労働時間が44時間とされている事業であっても，1週間単位の変形労働時間制を導入する場合には，週40時間の枠内で定めなければなりません。

≪1日，1週間の所定労働時間≫

① 1日の所定労働時間は，10時間を上限とすること
② 1週間の所定労働時間として40時間以内の時間を定めること

≪所定労働時間の例≫1日最長10時間，1週間合計40時間

日	月	火	水	木	金	土
休	6 h	6 h	休	8 h	10h	10h

・就業規則への規定

　1週間単位の非定型的変形労働時間制を導入する場合は，労使協定を締結するだけではなく，就業規則にも1週間単位の非定型的変形労働時間制を採用することを規定し，労働基準監督署へ届け出る必要があります。

⑨　1か月単位の変形労働時間制

1か月単位の変形労働時間制とは

　1か月単位の変形労働時間制とは，1か月以内の一定の期間（変形期間）を

平均して１週間の労働時間が40時間（特例措置対象事業場は44時間）以内の範囲で，１日及び１週間の法定労働時間を超えて労働させることができる制度です。「月末は経理業務で忙しい」「飲食業で週末は忙しい」など，１か月の中で繁忙期や，閑散期がある場合，取り入れやすい制度です。

導入のポイント，規定・協定例

・１か月単位の変形労働時間制の要件

　１か月単位の変形労働時間制を導入する場合は，就業規則等または労使協定に以下の事項を定め，労働基準監督署へ届け出る必要があります。

≪１か月単位の変形労働時間制の要件≫

① 変形期間及び起算日
② 変形期間における各日・各週の労働時間
③ 対象となる労働者の範囲
④ 労使協定に定める場合は，労使協定の有効期間
を就業規則等または労使協定に定めること

　１か月以内で定めた変形期間における，各日・各週の労働時間をあらかじめ定めておく必要があります。各日の労働時間は，１日の長さ及び始業・終業の時刻を具体的に定めます。

　１週間あたりの労働時間が，40時間（特例措置対象事業場は44時間）を超えないためには，次の算式の範囲内とすることが必要です。

　　上限時間＝１週間の労働時間（40時間または44時間）
　　　　　　　×＜変形時間の暦日数÷７日＞

48　第2章　労務管理の基礎を押さえて，会社の体制を整える！

≪変形期間が1か月の場合の上限時間≫

月の暦日数	労働時間の総枠	
	一般の事業場 （1週40時間）	特例措置対象事業場 （1週44時間）
31日	177.1時間	194.8時間
30日	171.4時間	188.5時間
29日	165.7時間	182.2時間
28日	160.0時間	176.0時間

割増賃金の支払い

　割増賃金の支払いが必要なケースは以下のとおりです。①→②→③の順番でチェックしていきます。

① 「1日単位」でチェック

　1日については，8時間を超える時間を定めた日はその時間，それ以外の日は8時間を超えて労働した時間

② 「1週間単位」でチェック

　1週間については，40時間（特例措置対象事業場は44時間）を超える時間を定めた週はその時間，それ以外の週は40時間（特例措置対象事業場は44時間）を超えて労働した時間（①で時間外労働となる時間を除く）

③ 「変形期間単位」でチェック

　対象期間における法定労働時間の総枠を超えて労働した時間（①または②で時間外労働となる時間を除く）

☞ ≪POINT≫ユニクロの週4勤務

　1日8時間の法定労働時間の適用を受けない「変形労働時間制」を採用し，勤務時間を1日10時間に延長し，1週間の労働時間を平均して「10時間×4日＝週40時間」の労働とすることで，週休3日を実現する制度です。一般の人の休日の土日に出勤してもらい，平日に休んでもらうようにしています。メリットも多そうですが，中小企業で導入する場合には，会社の実態と社員のニーズに合うか考えて導入する必要があります。

9 1か月単位の変形労働時間制　　**49**

≪就業規則　記載例≫

（１か月単位の変形労働時間制）

第○条　○○職の社員の労働時間は，毎月１日を起算日とする１か月単位の変形労働時間制とし，所定労働時間は，１か月を平均して１週間40時間以内とする。

2　各日の始業・終業の時刻及び休憩時間は次のとおりとする。労働日の予定については，変形期間の始まる前日までに通知する。

	始業時刻	終業時刻	休憩時間
勤務A	9 時00分	17時00分	12時00分から13時00分まで
勤務B	9 時00分	19時00分	12時00分から13時00分まで

（休日）

第○条　休日は次のとおりとする。

① 日曜日

② 会社が定めた日

≪労使協定書例≫

１か月単位の変形労働時間制に関する協定書

株式会社○○と株式会社○○社員代表△△とは，１か月単位の変形労働時間制に関し，次のとおり協定する。

（所定労働時間）

第1条　○○職の社員の労働時間は，１か月単位の変形労働時間制とし，所定労働時間は，１か月を平均して１週間40時間以内とする。

2　各日の始業・終業の時刻および休憩時間は次のとおりとする。労働日の予定については，変形期間の始まる前日までに通知する。

	始業時刻	終業時刻	休憩時間
勤務A（毎月１日から24日まで）	9 時00分	17時00分	12時00分から13時00分まで
勤務B（毎月25日から末日まで）	9 時00分	19時00分	12時00分から13時00分まで

（起算日）

第2条　起算日は毎月1日とする。

（休日）

第3条　休日は次のとおりとする。

①　日曜日

②　会社が定めた日

（対象となる社員の範囲）

第4条　本協定による変形労働時間制は，次のいずれかに該当する社員を除き，○○職の社員に適用する。

①　18歳未満の年少者

②　妊娠中または産後1年を経過しない女性社員のうち，本制度の適用免除を申し出た者

③　育児や介護を行う社員，職業訓練または教育を受ける社員その他特別の配慮を要する社員に該当する者のうち，本制度の適用免除を申し出た者

（有効期間）

第5条　本協定の有効期間は，起算日から1年間とする。

令和6年4月1日

株式会社○○　　代表取締役　××　　　　　　印

株式会社○○　　社員代表　△△　　　　　　印

10　1年単位の変形労働時間制

1年単位の変形労働時間制とは

　1年単位の変形労働時間制とは，1か月を超えて1年以内の一定期間を平均し，1週間あたりの労働時間が40時間以下の範囲で，特定の日または週に，1

日8時間または1週40時間を超えて労働させることができる制度です。

　1年の中で，夏や冬で繁忙期や閑散期があるホテルなどで，取り入れやすい制度です。

導入のポイント，規定・協定例

・1年単位の変形労働時間制の要件

　1年単位の変形労働時間制を導入する場合は，労使協定に以下の事項を定め，労働基準監督署へ届け出る必要があります。常時10人以上の労働者を使用している事業所は，1年単位の変形労働時間制を採用する旨を就業規則に記載したうえで，労働基準監督署に届け出る必要があります。

≪1年単位の変形労働時間制の要件≫

①　対象となる労働者の範囲 ②　対象期間及び起算日 ③　対象期間における労働日と労働日ごとの労働時間 ④　特定期間 ⑤　労使協定の有効期間 を労使協定に定めること

　対象となる労働者の範囲は，全社員のほか，部署や職種ごとに導入することも可能です。対象期間は1か月を超え1年以内とし，起算日を設けます。対象期間における労働日では，連続して労働できるのは6日までとなります。ただし，特に業務が繁忙となる場合，特定期間として最長12日まで定めることが可能です。対象期間のうち相当部分を特定期間として定めることはできません。

　対象期間の労働日と労働日ごとの労働時間を，事前に年間カレンダーなどで定めます。あらかじめすべての労働日と労働時間を定めることができない場合は，最初の1か月における労働日と各労働時間を定め，それ以降の期間については，期間ごとの労働日数と総労働時間を労使協定に定めます。各期間の初日の30日前までに，その期間における労働日と各日の労働時間を労働者代表の同意を得て書面で通知します。

≪労働時間等設定のポイント≫

労働日数 （１年あたり）	280日まで
対象期間内の所定 労働時間の総枠の 上限（１年の場合）	2085.71時間 　上限時間＝１週間の労働時間（40時間） 　　　　　　　×＜対象期間の暦日数÷７日＞
週の労働時間	52時間まで
１日の労働時間	10時間まで（隔日勤務のタクシー運転手は例外あり）
連続労働日数	６日まで（特定期間は12日まで）
対象期間が３か月 を超える場合	①　48時間を超える週は連続３週まで ②　対象期間を３か月ごとに区分した各期間で，48時間を超える 　　週は３回まで

割増賃金の支払い

　割増賃金の支払いが必要なケースは以下のとおりです。①→②→③の順番でチェックしていきます。

① 「１日単位」でチェック

　１日については，８時間を超える時間を定めた日はその時間，それ以外の日は８時間を超えて労働した時間

② 「１週間単位」でチェック

　１週間については，40時間を超える時間を定めた週はその時間，それ以外の週は40時間を超えて労働した時間（①で時間外労働となる時間を除く）

③ 「変形期間の全期間」でチェック

　変形期間における法定労働時間の総枠を超えて労働した時間（①または②で時間外労働となる時間を除く）

≪就業規則　記載例≫

（１年単位の変形労働時間制）

第○条　社員の労働時間は，労使協定を締結したときは，１年単位の変形労働時間制と
　　　　し，所定労働時間は１年間を平均して１週間40時間以内とする。

　2　労使協定には，次の事項等を定めるものとする。

①　対象となる社員の範囲

②　対象期間および起算日

③　対象期間におにる労働日と労働日ごとの労働時間

④　特定期間

⑤　労使協定の有効期間

≪労使協定書例≫

１年単位の変形労働時間制に関する協定書

　　株式会社○○と株式会社○○社員代表△△とは，１年単位の変形労働時間制に関し，
次のとおり協定する。

（勤務時間）

第１条　所定労働時間は，１年単位の変形労働時間制によるものとし，１年を平均して
　　　　週40時間を超えないものとする。

　2　１日の所定労働時間は８時間とし，始業・終業の時刻，休憩時間は次のとおりとす
　　　　る。

　　始業：9時00分　　　終業：18時00分

　　休憩：12時00分～13時00分

（起算日）

第２条　変形期間の起算日は，令和６年１月１日とする。

（休　日）

第３条　変形期間における休日は，別紙「年間カレンダー」のとおりとする。

（時間外手当）

第４条　会社は，第１条に定める所定労働時間を超えて労働させた場合は，時間外手当
　　　　を支払う。

（対象となる社員の範囲）
第5条 本協定による変形労働時間制は，次のいずれかに該当する社員を除き，全社員に適用する。
① 18歳未満の年少者
② 妊娠中または産後1年を経過しない女性社員のうち，本制度の適用免除を申し出た者
③ 育児や介護を行う社員，職業訓練または教育を受ける社員その他特別の配慮を要する社員に該当する者のうち，本制度の適用免除を申し出た者

（特定期間）
第6条 特定期間は定めないものとする。

（有効期間）
第7条 本協定の有効期間は，起算日から1年間とする。

令和6年1月1日

株式会社〇〇　代表取締役　××　　　　　　　印

株式会社〇〇　社員代表　△△　　　　　　　印

11 フレックスタイム制度

フレックスタイム制とは

　フレックスタイム制は，3か月以内の一定の期間の総労働時間を定めておき，労働者がその総労働時間の範囲内で各労働日の労働時間を自分で決定して働くことにより，その生活と業務との調和を図りながら，効率的に働くことができる制度です。

11 フレックスタイム制度

> **《POINT》コアタイムとフレキシブルタイム**
>
> 　一般的には，1日の労働時間帯を，必ず勤務すべき時間帯（コアタイム）と，その時間帯の中であればいつ出社または退社してもよい時間帯（フレキシブルタイム）とに分け，出社，退社の時刻を労働者の決定に委ねます。コアタイムは必ず設けなければならないものではないため，そのすべてをフレキシブルタイムとすることもできます。

（例）フレックスタイムとみなされない場合
① コアタイムがほとんどでフレキシブルタイムが極端に短い場合
② コアタイムの開始から終了までの時間と標準となる1日の労働時間がほぼ一致している場合
③ 始業時刻，終業時刻のどちらか一方だけを労働者の決定に委ねている場合
④ 始業時刻，終業時刻を労働者の決定に委ねるとしながら始業から必ず8時間は労働しなければならない旨を義務づけている場合

導入のポイント，協定例

・フレックスタイム制の要件
1）就業規則その他これに準ずるもので始業及び終業の時刻を労働者の決定に委ねる旨定めること
　　フレックスタイム制の要件としては，まず就業規則に「始業及び終業の時刻を労働者の決定に委ねる」ことを定めます。10人未満の会社では，就業規則に準ずるものになりますので，フレックスタイム制度を個別に定めた社内規則のような規程や文書などに定めます。
2）労使協定で，「労働基準法第32条の3第1～4号」に掲げる事項を定めること

56　　第2章　労務管理の基礎を押さえて，会社の体制を整える！

　　具体的には，以下の事項です。

① 　対象となる労働者の範囲

　　フレックスタイム制を適用する労働者の範囲を定めます。対象となる労働者の範囲は，各人ごと，課ごと，グループごと等様々な範囲が考えられます。例えば，「全労働者」「特定の職種の労働者」とまとめることが考えられます。

　　各人ごとにした場合等は，労務管理上把握が煩雑になる場合が考えられますので，労使で十分に検討したうえで，会社の実情に合った範囲を定めることが適切です。

② 　清算期間・起算日

　　清算期間は，フレックスタイム制において，労働すべき時間を定める期間で，3か月以内とされています。1か月単位のほかに，1週間単位等も可能です。賃金計算期間と合わせて1か月とすることが一般的なようです。

　　さらに，労使協定または就業規則で起算日を定める必要があります。

≪法改正情報≫

　　平成31年の法改正で，フレックスタイム制の「清算期間」の上限は，1か月から3か月に延長されました。併せて，1か月あたりの労働時間が過重にならないよう，1週平均50時間を超える労働時間については，その月における割増賃金の支払対象となっています。

≪POINT≫清算期間が1か月を超える場合には

① 　清算期間における総労働時間が法定労働時間の総枠を超えないこと（＝清算期間全体の労働時間が，週平均40時間を超えないこと）に加え，

② 　1か月ごとの労働時間が，週平均50時間を超えないことを満たさなければならず，いずれかを超えた時間は時間外労働となります。

　　清算期間が1か月を超える場合には，労使協定届を所轄の労働基準監督署長に届け出る必要があります。清算期間が1か月以内の場合には届出の必要はありません。

---

③ 　清算期間における総労働時間

　　清算期間における総労働時間とは，契約上，労働者が清算期間内で労働すべき時間として定められている時間のことで，いわゆる清算期間内での所定労働

時間のことです。

　この時間は，清算期間を平均し１週間の労働時間が法定労働時間の範囲内となるように定める必要があります。例えば１か月160時間というように各清算期間を通じて一律の時間を定める方法のほか，清算期間における所定労働日を定め，所定労働日１日あたり○時間というような定めをすることもできます。

$$清算期間における総労働時間 \leqq 40 \times \frac{清算期間の暦日数}{7} = 清算期間における法定労働時間の総枠$$

1か月単位		2か月単位		3か月単位	
暦日数	総枠	暦日数	総枠	暦日数	総枠
31日	177.1 時間	62日	354.2時間	92日	525.7時間
30日	171.4 時間	61日	348.5時間	91日	520.0時間
29日	165.7 時間	60日	342.8時間	90日	514.2時間
28日	160.0 時間	59日	337.1時間	89日	508.5時間

≪POINT≫法定労働時間の総枠の例外

　完全週休２日制・１日８時間労働の会社が，労使協定を締結することで，「清算期間内の所定労働日数×８時間」を労働時間の限度とすることが可能です。

④　標準となる１日の労働時間（年次有給休暇を取得した際の労働時間）

　フレックスタイム制を採用している労働者がその清算期間内で，年次有給休暇を取得したときには，その取得した日については，標準となる労働時間を労働したものとして取り扱います。

　標準となる１日の労働時間とは，清算期間内における総労働時間を，その期間における所定労働日数で除して計算します。

　１日の標準時間＝清算期間における総労働時間（所定労働時間）

　　　　　　　　　÷所定労働日数

⑤　コアタイム，フレキシブルタイムの開始及び終了の時刻

　コアタイム，フレキシブルタイムを設ける場合は必ず労使協定でその開始及

び終了時刻を定めます。なお，コアタイムについては，法令上必ずしも設けなければならないものではありません。コアタイムの時間帯は，労使協定で自由に定めることができ，コアタイムを設ける日と設けない日があるものや，日によってコアタイムが異なる設定も可能ですが，実務上コアタイムが日ごとに異なると，管理が煩雑になる場合が多いといえます。

≪就業規則　記載例≫

（フレックスタイム制）
第〇条　第〇条の規定にかかわらず，社員に対し，労働基準法32条の3に基づき，次の事項を定めた労使協定を締結して，その社員にかかる始業及び終業の時刻をその社員の決定に委ねることがある。
　①　対象となる社員の範囲
　②　清算期間
　③　清算期間における総労働時間
　④　標準となる1日の労働時間
　⑤　コアタイムを定める場合には，その開始時刻と終了時刻
　⑥　フレキシブルタイムを定める場合には，その開始時刻と終了時刻
2　前項の場合，締結した労使協定を就業規則に添付して就業規則の一部とし，就業規則に定めのない場合は，当該協定の定める内容によるものとする。

実務上の注意点

1　清算期間における実際の労働時間に超過した時間があった場合

　総労働時間として定められた時間を超えて働いた時間分を次の清算期間中の総労働時間の一部に充当することは，その清算期間内の賃金の一部がその期間の賃金支払日に支払われないことになり，労働基準法第24条に違反します。したがって，清算期間における実際の労働時間に超過があった場合，その超過分は賃金を追加して支払うことになります。

2　清算期間における実際の労働時間に不足があった場合

　総労働時間として定められた時間分の賃金はその期間の賃金支払日に支払い

ますが，それに達しない時間分（不足分）を加えた翌月の総労働時間が法定労働時間の総枠の範囲内であれば，①不足分を翌月に繰り越して清算する方法と，②不足分に相当する賃金をカットして支払う方法で対応します。

3　フル（完全）フレックス制

　コアタイムやフレキシブルタイムを設けないフレックスタイム制も，実務上は可能です（フルフレックス，スーパーフレックスと一般的に呼ばれています）。ただし，始業及び終業の時刻を労働者の決定に委ねていることが必要です。休憩時間と休日については，労働基準法の定めるところにより，与えなければなりません。

　◎休憩時間

　　一斉付与もしくは，一斉付与適用除外の労使協定を締結します。

　◎休日

　　1週1日，または4週4日の法定休日を与えることが必要です。法定休日に労働した場合は，3割5分の割増賃金を支払う義務があります。

4　フレックスタイム制での遅刻・早退の取扱い

　コアタイムを設けている場合には，コアタイム時間中は勤務している必要があります。したがって，コアタイム時間中に遅刻や早退をした場合には，遅刻・早退の取扱いとすることも可能です。

12　専門業務型裁量労働制

専門業務型裁量労働制とは

　専門業務型裁量労働制とは，①業務の性質上その遂行方法を労働者の大幅な裁量に委ねる必要性がある業務であり，かつ，②業務遂行の手段及び時間配分につき具体的指示をすることが困難な一定の専門的業務に適用される制度です。

　業務の内容が専門的であるという性質上，実労働時間ではなく，みなし労働

時間を用いて労働時間の算定を行います。

専門業務型裁量労働制を導入できるのは，次の20業務です。

≪専門業務型裁量労働制を導入できる20業務≫

① 新商品若しくは新技術の研究開発又は人文科学若しくは自然科学に関する研究の業務

② 情報処理システム（電子計算機を使用して行う情報処理を目的として複数の要素が組み合わされた体系であってプログラムの設計の基本となるものをいう。）の分析又は設計の業務

③ 新聞若しくは出版の事業における記事の取材若しくは編集の業務又は放送法（昭和25年法律第132号）第2条第28号に規定する放送番組（以下「放送番組」という。）の制作のための取材若しくは編集の業務

④ 衣服，室内装飾，工業製品，広告等の新たなデザインの考案の業務

⑤ 放送番組，映画等の制作の事業におけるプロデューサー又はディレクターの業務

⑥ 広告，宣伝等における商品等の内容，特長等に係る文章の案の考案の業務（いわゆるコピーライターの業務）

⑦ 事業運営において情報処理システムを活用するための問題点の把握又はそれを活用するための方法に関する考案若しくは助言の業務（いわゆるシステムコンサルタントの業務）

⑧ 建築物内における照明器具，家具等の配置に関する考案，表現又は助言の業務（いわゆるインテリアコーディネーターの業務）

⑨ ゲーム用ソフトウェアの創作の業務

⑩ 有価証券市場における相場等の動向又は有価証券の価値等の分析，評価又はこれに基づく投資に関する助言の業務（いわゆる証券アナリストの業務）

⑪ 金融工学等の知識を用いて行う金融商品の開発の業務

⑫ 学校教育法に規定する大学における教授研究の業務（主として研究に従事するものに限る。）

⑬ 銀行又は証券会社における顧客の合併及び買収に関する調査又は分析及びこれに基づく合併及び買収に関する考案及び助言の業務（いわゆるM＆Aアドバイザーの業務）

⑭ 公認会計士の業務

⑮ 弁護士の業務

⑯ 建築士（一級建築士，二級建築士及び木造建築士）の業務

⑰ 不動産鑑定士の業務

⑱ 弁理士の業務

⑲ 税理士の業務

⑳	中小企業診断士の業務

導入のポイント，注意点，協定例

　制度の導入には，次の事項を労使協定により定めたうえで，所轄労働基準監督署長に届け出ることが必要です。

①	対象業務（20業務のいずれか）
②	1日のみなし労働時間数
③	対象となる業務遂行の手段や方法，時間配分等に関し労働者に具体的な指示をしないこと
④	対象業務に従事する労働者の労働時間の状況に応じて実施する健康・福祉確保措置の具体的内容
⑤	対象業務に従事する労働者からの苦情処理に関する措置の具体的内容
⑥	制度の適用に当たって労働者本人の同意を得ること
⑦	制度の適用に労働者が同意をしなかった場合に不利益な取扱いをしないこと
⑧	制度の適用に関する同意の撤回の手続き
⑨	労使協定の有効期間（3年以内とすることが望ましい）
⑩	労働時間の状況，健康・福祉確保措置の実施状況，苦情処理措置の実施状況，同意及び同意の撤回の労働者ごとの記録を協定の有効期間中及びその期間満了後5年間（当面の間は3年間）保存すること

　1日の労働時間を労使協定で定めることになり，例えば，「9時間」と定めた場合，1日に6時間働いても10時間働いても9時間働いたこととみなされます。

　この場合，みなし計算された時間が法定労働時間を超えるため，超えた部分について割増賃金が必要となります。

　なお，労働時間のみなしに関する規定が適用される場合でも，休憩，深夜労働，割増賃金，休日，年次有給休暇などの規定は排除されず，適用となります。

　専門型裁量労働制を導入しても，対象労働者の勤務状況を把握することは必

要です。使用者が対象労働者の労働時間の状況等の勤務状況を把握する方法としては，対象労働者がいかなる時間帯にどの程度の時間在社し，労務を提供し得る状態にあったか等を明らかにし得る出退勤時刻または入退出時刻の記録等によるものであることが望ましいとされています。

　令和6年4月からは，専門業務型裁量労働制を導入するときは，労働者本人の同意を得ることや，同意をしなかった場合に不利益取扱いをしないこと，同意の撤回の手続きを労使協定に定める必要があります。

専門業務型裁量労働制の協定（例）

　株式会社○○と社員代表△△は，労働基準法第38条の3に基づき裁量労働に関して，次のとおり協定する。

（対象社員）
第1条　本協定は，次に掲げる社員（以下「対象社員」という。）に適用する。
　　　1）新商品若しくは新技術の開発業務に従事する者
　　　2）情報処理システムの分析又は設計の業務に従事する者
（専門業務型裁量労働の原則）
第2条　対象社員に対しては，会社は業務遂行の手段及び時間配分の決定等につき具体的な指示をしないものとする。
（労働時間の取扱い）
第3条　対象社員が，所定労働日に勤務した場合は，1日9時間労働したものとみなす。みなし労働時間が就業規則第○条に定める所定労働時間を超える部分については，賃金規程第○条の定めるところにより割増賃金を支払う。
（休憩・休日）
第4条　対象社員の休憩・休日は就業規則に定めるところによる。
（法定休日労働）
第5条　対象社員が法定休日に勤務する場合は，事前に会社に申請して許可を得なければならない。
　　　2　対象社員の法定休日労働に対しては，賃金規程第○条の定めるところにより割増賃金を支払う。
（深夜労働）
第6条　対象社員が深夜に勤務する場合は，事前に会社に申請して許可を得なければならない。

2　対象社員の深夜労働に対しては，賃金規程第○条の定めにより割増賃金を支払う。

（労働者の健康及び福祉の確保）

第7条　所属長は，勤怠システムの記録により，対象社員の労働時間の状況を把握する。また，2か月に1回，所属長が健康状態についてヒアリングを行い，必要に応じ特別健康診断の実施や特別休暇の付与を行う。

（苦情の処理）

第8条　相談室を設け，裁量労働制の運用，処理制度全般の苦情処理を行う。本人のプライバシーに配慮しながら実態調査をし，解決策を労使に報告する。

（事前の同意等）

第9条　制度を適用するに当たっては，会社は，事前に本人の同意を得なければならない。同意を得るに当たっては，会社は，専門業務型裁量労働制の制度の概要，制度の適用を受けることに同意した場合に適用される賃金・評価制度の内容並びに同意しなかった場合の配置及び処遇について，対象社員に対し，明示した上で説明するものとする。

（不同意者の取扱い）

第10条　会社は，前項の同意をしなかった者に対して，同意をしなかったことを理由として，解雇その他不利益な取扱いをしてはならない。

（同意の撤回）

第11条　対象社員の同意の撤回は，次の手続に従い，行うものとする。

　　（1）　同意の撤回の申出先は次のとおりとする。

　　　　申出先：総務部　担当者：○○○○

　　（2）　会社所定の撤回申出書に必要事項を記入の上，申し出ることとする。

（記録の保存）

第12条　以下の社員ごとの記録を労使協定の有効期間中及びその期間満了後3年間保存する。

　　①　対象社員の労働時間の状況　②対象社員の健康・福祉確保措置の実施状況

　　③　対象社員からの苦情処理に関する措置の実施状況　④同意及び同意の撤回

（有効期間）

第13条　本協定の有効期間は，令和＿＿年＿月＿日から令和＿＿年＿月＿日までの3年間とする。

令和＿＿年＿月＿日

　　　　　　　　　　　株式会社○○○　　　　代表取締役＿＿＿＿＿＿　　　印

　　　　　　　　　　　　　　　　　　　　　社員代表　＿＿＿＿＿＿　　　印

13 企画業務型裁量労働制

企画業務型裁量労働制とは

本社などで企画・立案などの業務についているホワイトカラーの社員に対して適用できる裁量労働制です。制度の導入には、対象者本人の同意と労使委員会の決議が必要です。

専門業務型裁量労働制が労使協定で労働時間とみなす時間を定めるのに対し、企画業務型裁量労働制では、労使委員会の決議により労働時間とみなす時間を定めます。

≪企画業務型裁量労働制　導入の流れ≫

ステップ1　労使委員会※を設置する

・委員の半数について、各事業場に、労働者の過半数で組織する労働組合（労働組合がない場合は労働者の過半数代表者）に任期を定めて指名されていること
・委員会の議事が作成・保存、周知されていること
・運営規程に必要事項が定められていること

※労使委員会とは、賃金、労働時間その他の労働条件に関する事項を調査審議し、会社に対して意見を述べる委員会のこと。会社及び労働者を代表する者によって構成される。

ステップ2　労使委員会で決議をする

・決議の要件：委員の5分の4以上の多数による決議
・労使委員会の決議事項
　① 制度の対象とする業務

② 対象労働者の範囲
③ 1日の労働時間としてみなす時間
④ 対象労働者の労働時間の状況に応じて実施する健康・福祉確保措置の具体的内容
⑤ 対象労働者からの苦情処理のために実施する措置の具体的内容
⑥ 制度の適用に当たって労働者本人の同意を得なければならないこと
⑦ 制度の適用に労働者が同意をしなかった場合に不利益な取り扱いをしてはならないこと
⑧ 制度の適用に関する同意の撤回の手続き
⑨ 対象労働者に適用される賃金・評価制度を変更する場合に，労使委員会に変更内容の説明を行うこと
⑩ 労使委員会の決議の有効期間（3年以内とすることが望ましい）
⑪ 労働時間の状況，健康・福祉確保措置の実施状況，苦情処理措置の実施状況，同意及び同意の撤回の労働者ごとの記録を決議の有効期間中及びその期間満了後3年間保存すること

ステップ 3　決議届を届け出る

・労働基準監督署に決議届を届け出ます。
・就業規則，労働契約等を整備します。

ステップ 4　対象労働者の同意を得る

・決議に従い，その労働者本人の同意を得る必要があります。
・同意をしなかった労働者に対して，解雇その他不利益な取り扱いをしてはなりません。

対象労働者の範囲（次のすべてに該当すること）
① 対象業務を適切に遂行するために必要となる具体的な知識，経験等を有する労働者

② 対象業務に常態として従事していること

[対象となる事業場（次のいずれかの事業場）]
① 本社・本店である事業場
② その事業場の属する企業等に係る事業の運営に大きな影響を及ぼす決定が行われる事業場
③ 本社・本店である事業場の具体的な指示を受けることなく独自に，その事業場に係る事業の運営に大きな影響を及ぼす事業計画や営業計画の決定を行っている支社・支店等である事業場

[対象となる業務（次のすべてに該当すること）]
① 事業の運営に関する事項についての業務
② 企画，立案，調査及び分析の業務
③ その業務の性質上これを適切に遂行するにはその業務遂行の方法を大幅に労働者の裁量に委ねる必要がある業務
④ 業務の遂行の手段及び時間配分の決定等に関し，使用者が具体的な指示をしないこととする業務

ステップ 5　制度を実施する

> 対象業務の遂行の手段や時間配分の決定等に関し，使用者が対象労働者に具体的な指示をしない，対象業務内容等を踏まえて適切な水準のみなし労働時間を設定し手当や基本給など相応の処遇を確保する，労使委員会を6か月以内ごとに1回以上開催し，制度の実施状況を把握するなどの対応が必要です。

ステップ 6　定期報告

> 決議の有効期間の始まりから，初回は6か月以内に1回，その後は1年以内ごとに1回，労働基準監督署長に定期報告を行う必要があります。

≪就業規則　記載例≫

（企画業務型裁量労働制）

第○条　労働基準法第38条の4に基づき，労使委員会が設置された事業場において，労使委員会がその委員の5分の4以上の多数による議決により，次の事項を決議し，かつ，会社が当該決議を所轄労働基準監督署長に届け出て，企画業務型裁量労働制を採用し，対象範囲に属する社員を対象業務に就かせたときは，当該社員は労働時間としてみなされる時間労働したものとみなす。

①　制度の対象とする業務

②　対象社員の範囲

③　1日の労働時間としてみなす時間

④　対象社員の労働時間の状況に応じて実施する健康・福祉確保措置の具体的内容

⑤　対象社員からの苦情処理のために実施する措置の具体的内容

⑥　制度の適用に当たって社員本人の同意を得なければならないこと

⑦　制度の適用に社員が同意をしなかった場合に不利益な取り扱いをしてはならないこと

⑧　制度の適用に関する同意の撤回の手続き

⑨　対象社員に適用される賃金・評価制度を変更する場合に，労使委員会に変更内容の説明を行うこと

⑩　労使委員会の決議の有効期間

⑪　労働時間の状況，健康・福祉確保措置の実施状況，苦情処理措置の実施状況，同意及び同意の撤回の社員ごとの記録を決議の有効期間中及びその期間満了後3年間保存すること

2　前項の場合，決議した内容を就業規則に添付して就業規則の一部とし，就業規則に定めのない事項は，当該決議の定める内容によるものとする。

14　管理監督者

管理監督者とは

　労働基準法第41条第2号では，「監督若しくは管理の地位にある者」は，管理監督者とみなされ，労働時間，休憩及び休日の適用除外を認めています。

　管理監督者は，経営者と一体的な立場で仕事をしている社員に限定され，名

称にとらわれず実態で判断されます。

　会社によっては，この規定を拡大解釈し，不適正な取扱いをしていることが少なからず認められます。課長や部長などの「管理職」だからといって，すぐ管理監督者とは認められません。

　行政通達（昭和63年3月14日通達）では，「資格及び職位の名称にとらわれることなく，職務内容，責任と権限，勤務態様に着目する必要がある」としています。企業における管理職＝労働基準法上の管理監督者ではありません。

　「名ばかり管理職」として，管理職にふさわしい権限や報酬が与えられずに残業代の不払いがある場合は，管理監督者性を否定され，過去3年分までさかのぼって残業代の支払いを命じられます。

管理監督者の判断基準

　管理監督者は，実態として経営者と一体的な立場で仕事をしている社員に限定されます。具体的な判断基準は，次のとおりです。

●管理監督者＝経営者と一体的な立場にある

1．実態上の職務内容，責任と権限はふさわしいかどうか
2．勤務態様の実態にふさわしいかどうか
3．定期給与である基本給，役付手当等において，その地位にふさわしい待遇がなされているかどうか　ボーナス等の一時金の支給率，その算定基礎賃金等についても役付者以外の一般労働者に比べて優遇措置が講じられているかどうか
4．スタッフ職，専門職の場合，経営上の重要事項に関する企画立案等の部門に配置され，ラインの管理監督者と同格以上に位置づけられる等，相当程度の処遇を受けているかどうか

　管理監督者（労働基準法第41条第2号該当）については，労働基準法の次の規定が適用されません。

```
1．第32条　法定労働時間，変形労働時間制

2．第33条　非常災害時の時間外・休日労働

3．第34条　休憩

4．第35条　休日

5．第36条　時間外・休日労働

6．第37条中の時間外・休日労働の割増賃金に関する部分

7．第60条　年少者の労働時間・休日

8．第66条　妊産婦の労働時間・休日
```

　労働基準法第41条第2号に定める管理監督者については，法定内時間外労働，法定外時間外労働，休日労働のいずれの場合でも，残業代を支給する義務はありません。ただし，深夜労働に対する割増賃金（25％以上）については，管理監督者に対しても支給する義務があります。年次有給休暇についても，適用除外にはならず，与える必要があります。また，平成31年4月からは，管理監督者についても，過重労働防止の観点から，労働時間の把握が義務化されました。

多店舗展開する小売業、飲食業等の店舗における管理監督者について

多店舗展開する店舗の店長等の管理監督者性の判断に当たっての特徴的な要素について、次のとおり示されています（平成20年9月9日基発第0909001号）。

次の1〜3の判断要素は、いずれも管理監督者性を否定する要素に関するものですが、これらの否定要素に当たらないものがあるからといって、直ちに管理監督者として認められるというわけではありませんので、ご注意ください。

1．「職務内容、責任と権限」についての判断要素
（1）採用
　店舗に所属するアルバイト・パート等の採用に関する責任と権限が実質的にない場合。【管理監督者性を否定する重要な要素】
（2）解雇
　店舗に所属するアルバイト・パート等の解雇に関する事項が職務内容に含まれておらず、実質的にもこれに関与しない場合。【管理監督者性を否定する重要な要素】
（3）人事考課
　人事考課の制度がある企業において、その対象となっている部下の人事考課に関する事項が職務内容に含まれておらず、実質的にもこれに関与しない場合。【管理監督者性を否定する重要な要素】
（4）労働時間の管理
　店舗における勤務割表の作成又は所定時間外労働の命令を行う責任と権限が実質的にない場合。【管理監督者性を否定する重要な要素】

2．「勤務態様」についての判断要素
（1）遅刻、早退等に関する取扱い
　遅刻、早退等により減給の制裁、人事考課での負の評価など不利益な取扱いがされる場合。【管理監督者性を否定する重要な要素】
（2）労働時間に関する裁量
　営業時間中は店舗に常駐しなければならない、あるいはアルバイト・パート等の人員が不足する場合にそれらの者の業務に自ら従事しなければならないなどにより長時間労働を余儀なくされている場合のように、実際には労働時間に関する裁量がほとんどないと認められる場合。【管理監督者性を否定する補強要素】
（3）部下の勤務態様との相違
　管理監督者としての職務も行うが、会社から配布されたマニュアルに従った業務に従事しているなど労働時間の規制を受ける部下と同様の勤務態様が労働時間の大半を占めている場合。【管理監督者性を否定する補強要素】

3．「賃金等の待遇」についての判断要素
（1）基本給、役職手当等の優遇措置
　基本給、役職手当等の優遇措置が、実際の労働時間数を勘案した場合に、割増賃金の規定が適用除外となることを考慮すると十分でなく、当該労働者の保護に欠けるおそれがあると認められる場合。【管理監督者性を否定する補強要素】
（2）支払われた賃金の総額
　一年間に支払われた賃金の総額が、勤続年数、業績、専門職種等の特別の事情がないにもかかわらず、他店舗を含めた当該企業の一般労働者の賃金総額と同程度以下である場合。【管理監督者性を否定する補強要素】
（3）時間単価
　実態として長時間労働を余儀なくされた結果、時間単価に換算した賃金額において、店舗に所属するアルバイト・パート等の賃金額に満たない場合。特に、当該時間単価に換算した賃金額が最低賃金額に満たない場合は、管理監督者性を否定する極めて重要な要素となる。【管理監督者性を否定する重要な要素】

（出典）東京労働局

15 年次有給休暇とは

　年次有給休暇とは，労働者が休日以外の日に有給で休暇を取り，心と体の休養を取れるように労働基準法で定められている制度です。

　①「雇入れの日から起算して，6か月間継続勤務していること」，②「その期間の全労働日に8割以上出勤したこと」の①と②の条件を満たした労働者に対して10労働日の年次有給休暇を与える必要があります。つまり，欠勤することなくしっかり会社に勤めていた場合は，6か月経てば，10日の年次有給休暇を取得できるのです。また，週1日以上の勤務があれば，パート・アルバイトであっても所定労働日数に応じて年次有給休暇が付与されます。

　年次有給休暇の時効は，発生の日から2年間です。

年次有給休暇の時季変更権

　年次有給休暇は原則として，「労働者が請求する時季」に与えなければなりません。

　しかし，繁忙期などで請求された時季に与えることが事業の正常な運営を妨げると具体的・客観的に判断される場合は，例外的に使用者は時季を変更することができます。単に忙しいからという理由では認められません。事業の内容，規模，労働者の担当業務，事業活動の繁閑，予定された年休日数，他の労働者の休暇との調整等様々な要因を考慮して判断していきます。

年次有給休暇の付与日数

　年次有給休暇の日数については，正社員に付与される日数とパート・アルバイトで労働日数・労働時間が少ない場合の付与日数の2つのパターンがあります。

15 年次有給休暇とは　　71

≪年次有給休暇の付与日数≫

○正社員（週30時間以上または週 5 日以上勤務）

勤続年数	6 か月	1 年6 か月	2 年6 か月	3 年6 か月	4 年6 か月	5 年6 か月	6 年6 か月以上
付与日数	10日	11日	12日	14日	16日	18日	20日

○パート・アルバイト（週30時間未満かつ「1 週間の所定労働日数が 4 日以下」「週以外の期間により所定労働日数が定められている場合は，1 年間の所定労働日数が216日以下」）

所定労働日数		勤続年数と年次有給休暇の付与日数						
週	1 年	6 か月	1 年6 か月	2 年6 か月	3 年6 か月	4 年6 か月	5 年6 か月	6 年6 か月以上
4 日	169日〜216日	7 日	8 日	9 日	10日	12日	13日	15日
3 日	121日〜168日	5 日	6 日	6 日	8 日	9 日	10日	11日
2 日	73日〜120日	3 日	4 日	4 日	5 日	6 日	6 日	7 日
1 日	48日〜72日	1 日	2 日	2 日	2 日	3 日	3 日	3 日

出勤率の算定方法

　年次有給休暇を取得するには，8 割以上の出勤率が必要となります。出勤率を算出するための計算式は下記のとおりです。

　　出勤率＝出勤日数÷全労働日≧ 8 割

休日労働をした日や会社都合による休業日は、全労働日から除外されます。一方で、業務上の負傷などで休業した日や産前産後休業などは出勤したものとして取り扱います。生理休暇について、年次有給休暇の出勤率の算定に当たって出勤したものとみなすことは、差し支えありません（任意）。

出勤したものと取り扱う日数
・業務上の負傷・疾病等により療養のため休業した日
・産前産後の女性が労働基準法第65条の規定により休業した日
・育児・介護休業法に基づき育児休業または介護休業した日
・年次有給休暇を取得した日

全労働日から除外される日数
・使用者の責に帰すべき事由によって休業した日
・正当なストライキその他の正当な争議行為により労務が全くなされなかった日
・休日労働させた日
・法定外の休日等で就業規則等で休日とされる日等であって労働させた日

計画的付与

計画的付与とは、就業規則に定め、労使協定を締結して、年次有給休暇の5日を超える分について、計画的に休暇取得日を割り振ることができる制度のことをいいます。例えば、年次有給休暇が10日の労働者は5日まで、20日の労働者は15日まで、計画的に付与することができます。

付与方式は、企業・事業場全体の休業による一斉付与方式、班・グループ別の交替制付与方式、年次有給休暇付与計画表による個人別付与方式の3つがあります。

一斉付与方式は、会社を休みにしても顧客に迷惑にならない時期に導入するケースが多く、交替制付与方式は、サービス業や流通業など一斉に休みを取ることが難しい業種で導入することが多くなっています。個人別付与方式は、バースデー休暇や結婚記念日休暇など、付与日を決めて計画表を作成します。

≪POINT≫計画的付与の導入例

● 夏季，年末年始の大型連休，ブリッジホリデー，ゴールデンウィークの大型連休

　夏季，年末年始に年次有給休暇を計画的に付与し，大型連休としたり，暦の関係で休日が飛び石となっている場合に，休日の橋渡し（ブリッジ）として3連休・4連休とすることが可能です（ブリッジホリデー）。

　例えば，土曜日と日曜日を休日とする事業場で祝日が木曜日にある場合，金曜日に年次有給休暇を計画的に付与すると，その後の土曜日，日曜日の休日と合わせると4連休となります。また，ゴールデンウィークについても，祝日と土曜日，日曜日の合間に年次有給休暇を計画的に付与することで，10日前後の大型連休を実現できます。

≪労使協定例≫

年次有給休暇の計画的付与に関する労使協定

　株式会社〇〇（以下，「会社」という。）と社員代表△△は，就業規則第〇条に従い次の通り協定する。

1．社員が保有する令和〇年度の年次有給休暇のうち5日を超える部分について3日間を計画的に付与するものとする。社員が有する年次有給休暇の日数から5日を差し引いた日数が3日に満たない者については，その不足する日数の限度で，特別休暇を与えるものとする。

2．年次有給休暇の計画的付与の日程は次の通りとする。

　　　　令和〇年〇月〇〇日～〇月〇〇日の3日間

3．この協定の定めにかかわらず，業務遂行上やむを得ない事由の為に指定日に出勤を必要とするときは，会社は社員代表者と協議の上，休暇指定日を変更する場合がある。

　　　令和　　年　　月　　日

　　　　　　　　　　　株式会社 ＿＿＿＿＿＿＿＿＿＿＿

　　　　　　　　　　　代表取締役 ＿＿＿＿＿＿＿＿＿ 印

　　　　　　　　　　　社員代表 ＿＿＿＿＿＿＿＿＿＿ 印

半日単位，時間単位の取得

　年次有給休暇は，半日単位や時間単位で与えることができます。半日単位の取得は，労働者が希望し，使用者が同意すれば労使協定が締結されていない場合でも可能です。時間単位の取得は，労使協定の締結が必要で，1年のうち5日分を限度に取得できます。時間単位の年次有給休暇は，管理が煩雑なため，導入は慎重に行う必要があります。

○半日単位の年次有給休暇

　半日単位の付与方法は，次の方法が考えられます。

①　午前と午後で区切って半日とする
②　所定労働時間を半分に分ける

　社員によって取扱いが異なると，一方の社員が不利益になる可能性があります。①②のどちらの方法で運用するか決定した場合は，就業規則等に明文化しておくと良いでしょう。

○時間単位の年次有給休暇

　時間単位の取得は，労使協定を締結すれば，1年のうち5日分を限度に取得できます。所定労働時間が8時間の場合は，8時間×5日で40時間まで取得できます。ただし，時間単位で計画的付与をすることはできません。

≪労使協定で定める事項≫

①　対象労働者の範囲 　事業の正常な運営との調整を図る観点から労使協定でその範囲を定めます。ただし，「育児を行う者に限る」など，取得目的による制限はできません。
②　時間単位で付与する日数 　5日以内の範囲で定めます。前年度からの繰越しがある場合でも，その繰越し分も含めて5日以内となります。

③　時間単位年休の１日の所定労働時間数

　１日分の年次有給休暇に対応する時間数を所定労働時間数から定めます。時間に満たない端数がある場合は，時間単位に切り上げてから計算します。

　　例）　１日の所定労働時間が７時間30分の場合

　　　→　７時間30分を切り上げて１日８時間とする

　　　→　８時間×５日＝40時間分の時間単位年休

④　１時間以外の時間を単位とする場合はその時間数

　１時間以外の時間を単位とする場合はその時間数（２時間，３時間など）を定めます。ただし，１日の所定労働時間を上回ることはできません。

　労使協定は，労働基準監督署に届け出る必要はありません。

基準日統一方式

　年次有給休暇を法律どおり付与すると，社員ごとに基準日（付与日）がバラバラとなり管理が煩雑になります。管理をしやすくするために，１月１日（年初）や４月１日（入社月），決算月に合わせて，全社員の年次有給休暇の付与日を統一することもできます。これを，斉一的取扱いといいます。

　行政通達上でも，次の要件を満たしていれば，基準日を統一することができるとされています。

①　斉一的取扱いや分割付与により法定の基準日以前に付与する場合の年次有給休暇の付与要件である８割出勤の算定は，短縮された期間は全期間出勤したものとみなすものであること。

②　次年度以降の年次有給休暇の付与日についても，初年度の付与日を法定の基準日から繰り上げた期間と同じまたはそれ以上の期間，法定の基準日より繰り上げること。

　例えば，４月１日に基準日を統一する会社で，１月１日に入社した社員がいる場合は，入社後最初に到来する４月１日に勤続６か月とみなし，10日の年次有給休暇を付与し，法律上付与される権利を下回らないように有利に取り扱います。

≪基準日統一方式　就業規則例≫

第〇条（年次有給休暇の付与）

１）会社は社員に対して，社員が採用された日から起算して，毎年4月1日時点で勤務年数に相応して次表の区分により年次有給休暇を付与する。この場合，年次有給休暇年度を4月1日から3月31日までの1年間とする。ただし，その限度日数は20日とする。

【4月1日から9月30日までに入社した者】

　入社後最初に到来する10月1日に勤続6か月とみなし，翌年4月1日に勤続1年6か月とみなし，以降勤続年数に応じて下表のとおり付与する。

入社後	基準日						
初回基準日（最初の10/1）	2回目（1年6月）	3回目（2年6月）	4回目（3年6月）	5回目（4年6月）	6回目（5年6月）	7回目（6年6月）	8回目以降
10日	11日	12日	14日	16日	18日	20日	20日

【10月1日から翌年3月31日までに入社した者】

　入社後最初に到来する4月1日に勤続6か月とみなし，翌年4月1日に勤続1年6か月とみなし，以降勤続年数に応じて下表のとおり付与する。

入社後	基準日						
初回基準日（最初の4/1）	2回目（1年6月）	3回目（2年6月）	4回目（3年6月）	5回目（4年6月）	6回目（5年6月）	7回目（6年6月）	8回目以降
10日	11日	12日	14日	16日	18日	20日	20日

年次有給休暇取得義務

　年次有給休暇取得義務とは，法定の年次有給休暇付与日数が10日以上の労働者（パート・アルバイト含む）に対して，年次有給休暇を付与した日（基準日）から1年以内に5日については，会社が時季を指定して年次有給休暇を取得させなければならない義務のことです。

年次有給休暇のうち、5日分について、社員の意見を聴き、希望を踏まえて取得日をあらかじめ会社が指定します。5日間については、年次有給休暇を与えなくてはなりません。例えば、「6月3日と7月5日について年次有給休暇を会社側が指定して与える」ことが想定されます。バラバラに時季を指定するよりも、7月8月等の夏の時期やゴールデンウィーク、年末年始などに合わせて時季を指定する形が現実的で、取得も促進されるでしょう。

　また、この年次有給休暇の取得方式については、就業規則に定める必要があります。

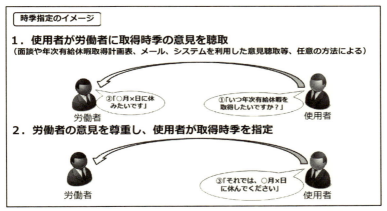

（出典）厚生労働省

　下表中太枠で囲った部分に該当するパート・アルバイトは、「年5日の取得義務」の対象となります。例えば、週4日勤務のパートの方が出勤率などの要件を満たし、3年6か月継続勤務している場合は、10日の年次有給休暇が付与されますので、「年5日の取得義務」の対象となります。

78　第2章　労務管理の基礎を押さえて，会社の体制を整える！

週所定労働日数	1年間の所定労働日数		継続勤務年数						
			6か月	1年6か月	2年6か月	3年6か月	4年6か月	5年6か月	6年6か月以上
4日	169日~216日	付与日数	7日	8日	9日	10日	12日	13日	15日
3日	121日~168日		5日	6日	6日	8日	9日	10日	11日
2日	73日~120日		3日	4日	4日	5日	6日	6日	7日
1日	48日~72日		1日	2日	2日	2日	3日	3日	3日

時季指定のパターン

　労働者が自分から取得した日数や，労使協定で計画的に取得日を定めて与えた日数（計画的付与）については，5日から控除する必要があります。

	取得パターン	時季指定
①	社員が自ら3日取得	使用者は2日を時季指定
②	計画的付与で2日取得	使用者は3日を時季指定
③	社員が自ら3日取得＋計画的付与2日	使用者の時季指定は不要
④	社員が自ら5日取得	使用者の時季指定は不要

≪就業規則例≫

> 第○条　年10日以上年次有給休暇が付与される社員について，5日間については，社員の希望を聴取の上，時季を指定して与えるものとする。ただし，労働者が第○項の規定による年次有給休暇を取得した場合においては，当該取得した日数分を5日から控除するものとする。

年次有給休暇管理簿

　「年次有給休暇管理簿」（P.20に様式例あり）とは，時季（年休日），日数及び基準日を社員ごとに明らかにした書類です。5年間（当分の間3年）の保管が

義務づけられています。労働者名簿または賃金台帳とあわせて調製することも可能です。必要なときにいつでも出力できる仕組みとしたうえで，システム上で管理することも可能です。

> **≪POINT≫有給休暇の買上げ**
>
> Q：退職するときに，年次有給休暇を買上げることは，義務なのでしょうか？
>
> A：年次有給休暇の買上げは義務ではありません（通常，年次有給休暇の買上げはできません）。退職により消滅し，権利を行使できなくなる有給休暇については，会社の任意で買い上げるかどうかを決定（自由）することができます。
>
> 2年間の時効で消滅する分を2年間経過後に買い上げたり，会社で労働基準法を上回って法定外に付与している日数分を買い上げることは，違法とはなりません。ただし，年次有給休暇の取得を抑制する目的での買取りは認められません。

16 休職・復職制度

休職制度とは

休職とは，社員が病気やケガなどで労働ができないときに，雇用関係を維持したまま，一定期間の労働義務を免除または禁止する制度です。

労働基準法などの法令には，休職の定義や規制は定められていません。このため，休職制度を設けるか否か，また設ける場合にどのような制度とするのかについては，基本的に会社の自由です。定めた休職制度は，その内容を就業規則に記載しなければなりません。

一般的な休職制度には，休職に至る理由によりいくつかのタイプがありますが，私傷病による休職に絞って解説します。

私傷病による休職制度の目的・意義は，次の項目が挙げられます。

① 社員の労務提供において労務不能または不適当な事由が生じた場合に，その社員の労働契約自体を維持しつつ，労務への従事を免除または禁止すること
② 治療に専念させて，傷病の回復を図ること
③ 安全配慮義務違反によって発生する責任や損害賠償などの予防
治療に専念させずにそのまま勤務させ続けて状態が悪化してしまう，などの場合は，

会社が安全配慮義務に違反したことが原因であるとして責任や損害賠償などを問われる可能性があり，そのリスクを回避する意味があります。

④　社員の解雇の猶予措置

勤務状況不良の社員については，就業規則において，懲戒解雇ではなく普通解雇とする定めが置かれていることが一般的です。休職制度は，この解雇措置の発動を，定められた期間猶予（労働債務の履行を猶予）する，という側面も持っています。反対に，勤務状況不良の社員について休職制度があって適用可能である場合に，休職を命じることなく普通解雇とすることは，解雇権の濫用であり無効と判断される可能性が極めて高いので，注意を要します。

休職期間の定め方

休職期間は，会社の規模や実態，考え方，同業他社における期間を参考にしながら定めていきます。休職期間は自由に設定できますが，極端に短い期間（1か月）や長い期間（2〜3年）は復職との整合性や解雇猶予の観点から避けた方が良いでしょう。

また，私傷病休職の期間は，勤続年数により差を設けることも可能です。私傷病休職は，解雇猶予措置であることから，社員の貢献度（＝勤続年数）を考慮することは一定の合理性があるといえます。

休職命令

休職を命じることができる事由として，「一定期間連続して欠勤が続いている場合」と規定されていることが一般的です。しかし，メンタルヘルス不全による勤務不良においては，毎日出社できないケースばかりとは限りません。数日出社してはまた欠勤するケースや，出勤してはいるもののまともに仕事を行えていない，というケースも考えられます。このため，一定期間のうちに欠勤・遅刻・早退の日数が一定以上（断続的に）ある場合や，出勤していても職務に従事できていない場合にも休職を命じることができる規定とすると良いでしょう。

これは，そのまま勤務を継続させて重症化させてしまう危険性を排除するこ

と，つまり，安全配慮義務違反によって発生する責任や損害賠償などの予防という側面からも，重要な考え方です。

休職期間中の報告義務

　私傷病休職の場合は，休職期間中の治療経過を，月1回程度会社に報告することを義務づけることで，復職の判断のときに，傷病が治っているかどうかの状況を把握することが可能となります。

休職期間中の取扱い

　休職期間中の賃金の支払いは，ノーワークノーペイの原則どおり，無給とします。私傷病による休職期間中は，健康保険から傷病手当金が支給されます。傷病手当金は，支給開始日から通算して1年6か月の支給となります。また，休職期間中も社会保険料が発生します。休職期間中は無給となるため，賃金から社会保険料を控除することができません。そのため，休職期間中の社会保険料を本人から徴収する方法を，事前に決めておくと良いでしょう。毎月指定期日までに，会社指定の方法により払い込むのが一般的です。

　休職期間を勤続年数に通算するかは，会社の任意となりますが，通常は労務を提供していないため通算しません。会社都合の休職期間は勤続年数に通算します。

復職について

　復職に当たっては，休職の原因となった傷病が治っているかどうか（治癒しているか）の判断が必要になります。特にメンタルヘルス不全による休職の場合には，この治癒が重大な問題となることがあります。その原因として，回復と悪化を繰り返しながら少しずつ快方へ進むという経過をたどること，復職可能となったときでも発症前と全く同じレベルで恒常的に業務を遂行できるものではないことがあげられます。さらに，主治医の診断書だけでは判断がつかな

82　第2章　労務管理の基礎を押さえて，会社の体制を整える！

い場合も多いため，休職期間中に本人と面談して，傷病の状況を確認する必要
があります。

　そのため，復職を認める際の要件として，次の点を踏まえておくことが必要
です。

---

① 主治医の復職可能の診断が必要であること
② 復職の可否の判断に当たっては，主治医の診断書や意見書等は参考にとどめ，それ
　だけでは決定しないこと
③ 主治医に対する面談・情報提供を依頼することや，主治医以外の医師等の専門家の
　面談や診断を命じ，その診断書や意見書を参考にすることもあること
④ 復職の可否の判断・決定は，休職者と面談のうえ，復職後に従事する業務を基準と
　して，会社側が行うこと
⑤ 休職期間満了時に休職事由が消滅していない場合の取扱い

　主治医以外の専門家（医師など）に意見を求めることも重要です。産業医が
選任されている会社であれば，その産業医，または会社が指定する医師等の面
談もしくは受診を求めることができるような制度とすると良いでしょう。

　この産業医等への面談または受診を社員に命じることがあること，及びその
命令に従うことについて事前に説明し，同意を得ておきます。

　また，ほかの専門家の意見を集めるためには，主治医に対して面談や情報提
供を求めることが必要になり個人情報等の問題もあるため，本人の同意を得て
おきます。

復職までの手続き

---

① 復職許可申請書の提出
　主治医の診断書などを添付してもらいます。復職許可申請書のサンプル
には，産業医等の受診または面談，主治医への面談・情報提供依頼につい
て同意する旨を記載する欄を設けているので，参考にしてください。

---

② 復職可否の判断
　休職期間中の本人の状況，本人との面談結果及び復職許可申請書の添付書類などを総合的に勘案して，復職可否の判断をします。復職の可否の判断・決定は，会社側が行います。

③ 復職
　原則として，休職前の仕事へ復帰します。体への負担を考慮して，短時間勤務から始めたり，負担の軽い仕事への配置転換を検討します。

復職しない場合の取扱い

　休職期間満了時に休職事由が消滅しない場合は，自然退職とします。解雇としてしまうと，解雇事由の正当性と解雇手続き（解雇予告または解雇予告手当）が必要になり，会社にとっては不利益な面も多いことに加えて，解雇をめぐるトラブルの可能性を残すことになります。

≪復職許可申請書≫

復職許可申請書
　　　　　　　　　　　　　　　　　　　　年　　月　　日
○○○○株式会社
人事部　御中

　就業規則第○○条の規定に基づき以下のとおり復職の許可を申請いたします。

氏　　名	印	社員番号	
復職希望日	年　月　日（　曜日）		
添付書類	☐　主治医診断書（必須）	※復職可能日，勤務制限の有無およびその内容等が明記されたも	

	のに限る。
	□ その他（ 　　　　　　　　　　　　　　　　 ）
主治医に対する面談および情報提供依頼	私の復職の可否等の判断にあたり，会社が主治医に対して面談を行うことおよび情報提供を求めることについて □ 同意します。　　　□ 同意しません。
産業医等の受診または面談	私の復職の可否等の判断にあたり，産業医または会社が指定する医師の診断または面談を受けることについて □ 同意します。　　　□ 同意しません。
備考	

※復職希望日の○○日前までに申請すること
※復職を許可する場合は，人事部から復職許可通知書を交付する。

≪休職・復職の就業規則　規定例≫

第○条（休職事由）
　社員が，次の各号の一に該当するときは休職を命ずる。
　① 業務外の傷病による欠勤が２か月以内に20日に達したときで，傷病により勤務に適しないと認めたとき（私傷病休職）
　② 第○条の定めにより，社外の業務に従事するとき（出向休職）
　③ 私事により欠勤が２週間に達したとき（自己都合休職）
　④ 公職に就任し，業務と両立しないと会社が認めたとき（公職休職）
　⑤ 前各号の他，それに準ずる理由があるとき

第○条（休職期間）
　前条の定めに基づく休職期間は次の各号のとおりとする。
　① 私傷病休職の場合
　　イ 勤続３年未満のとき…原則として３か月以内
　　ロ 勤続３年以上のとき…原則として６か月以内
　② 出向休職の場合…出向している期間
　③ 自己都合休職の場合…会社が必要と認めた期間
　④ 公職休職の場合…会社が必要と認めた期間
　⑤ その他特別な事情による場合…会社が必要と認めた期間
２　休職期間は，必要に応じて延長し，または短縮することがある。
３　私傷病による休職の場合で，休職期間満了日前に復職し，復職の日から１か月以内

に再び同一傷病で休職する場合は，前休職期間の残余日数を休職期間とする。

第〇条（休職期間の取扱い）

休職期間は原則として勤続年数に通算しない。ただし，会社業務の都合による場合及び会社が特別の事情を認めた場合はこの限りではない。

2　休職期間中の賃金の取扱いについては原則として無給とする。ただし，出向休職の場合は出向先との契約による。

3　私傷病により休職する者は，会社が復職のために行う施策に協力しなければならない。

4　前項の休職者は，原則として月に一度，定期的に健康回復状況を報告しなければならない。ただし，医師の診断を考慮して，これを軽減または免除することがある。

5　休職期間中の社員は，社会保険の保険料（本人負担分）を会社の指定する日までに，会社の指定する口座に振り込まなければならない。

6　会社は，前項の規定にかかわらず，安全配慮義務に係るため，休職者の同意をもとに，会社指定の医師等を介して，主治医に必要な健康情報を求めることがある。

第〇条　（復職）

休職期間が満了したとき，または休職事由が消滅したときは休職事由が解消したことを証明する資料を添付して，復職許可申請書を提出し，復職を届出，会社はその届出により復職させる。

2　前項の規定により復職させる場合は，原則として旧職務へ配置する。ただし，業務の都合その他の事情により旧職務へ復職させることが困難な場合は，旧職務とは異なる職務に配置することがある。

3　私傷病による休職者が復職する場合は，会社の指定する医師の診断書を提出させる。

4　前項につき，会社は，医師の診断書及び意見を参考にして復職の可否を決定し，復職日を定めたうえ，勤務を命ずる。ただし，復職の可否の決定に際し，主治医に対する診療状況の照会，主治医と会社が指定する者との面談，会社指定の医師による診断書の提出または意見を求めることがある。社員が正当な理由なくこの命令に従わない場合は，復職を認めない。

5　前項の復職の可否を決定するにあたって，就業に関する本人の考え，その治療状況や回復状況の確認，業務遂行能力等を判断し，業務及び職場との適合性と役割，作業環境・作業環境管理の状況，職場の支援状況等を総合的に判断し，リハビリ期における労働時間，賃金について同意を形成したうえでこれを行う。

6　休職期間が満了してもなお，勤務不能なとき，または復職できないと会社が判断したときは自然退職となる。

17 服務規律の定め方

　服務規律は，就業規則などに会社で守るべきルールを定め，会社の秩序を維持し，トラブルを未然に防止するために必要な規律です。

　会社（使用者）は，企業秩序定立権（企業秩序を定立し維持する権限）を有しており，労働者は，労働契約締結によって，企業秩序順守義務（企業秩序を守る義務）を負うことになります。遵守事項であるため，違反した場合には懲戒処分の対象となり得ます。

　服務規律を定めるうえでは，社員として「ふさわしい行動」「ふさわしくない行動」をできるだけ多く列挙する必要があります。

　一般的には，労働者の労務提供に関する規律と職場の秩序維持という必要最低限の内容（狭義の服務規律）に加え，企業財産の管理・保全のための規律（会社施設利用の制限，事業場内での活動の制限など）や社員の地位・身分に関する規律（兼業禁止，秘密保持，信用保持など）も含まれます。

○狭義の服務規律

・入退場に関する規律，すなわち入退場の場所，通用門の指定，その手続き（出勤カードへの打刻，身分証明書の提示，所持品検査），私用品持ち込みの規制など
・遅刻・早退・欠勤・休暇の手続き（届出・許可など）
・離席・外出・面会の規制（届出・許可・代行者など）
・服装規定（制服・制帽・記章，見苦しい服装の禁止など）
・職務専念規定（労働時間中は職務に専念しなければならないなど）
・上司の指示・命令に従う義務
・職場秩序の保持（会社の諸規則及び上司の指示，命令に従い，互いに協力して職場の秩序の保持に努めなければならないなど）
・職務上の金品授受の禁止
・安全・衛生の維持のための規定（喫煙場所の指定，火気の制限，安全衛生規定の遵守など）

・風紀維持のための規定（けんか，暴行，酩酊，賭博の禁止など）

・職場の整理・整頓

〇企業財産の管理・保全のための規律

・会社財産の保全（消耗品の節約，物品の持出流用の禁止，火気の取締まりなど）

・会社施設の利用の制限，すなわち終業後の職場滞留の制限

・会社施設を利用しての会合・宣伝活動（集会，演説，放送，文書の掲示・配布）の許可制

・事業場内の政治活動・宗教活動の禁止

〇従業員としての地位・身分による規律

・信用の保持（企業の名誉・信用を毀損してはならない，従業員としての体面を汚してはならないなど）

・兼職・兼業の規制（従業員は会社の承認を得ず，在職のまま他の職務に従事してはならないなど）

・公職への立候補や公職就任の取扱い（届出・承認など）

・秘密保持義務（従業員は会社の業務上の秘密を漏らしてはならないなど）

・身上異動の届出

〇その他

・セクシュアルハラスメント，パワーハラスメントなどの禁止

・パソコンなどの電子機器の取扱い

・SNSなどへの投稿禁止など

(参照) 菅野和夫『労働法』，野川忍『労働法』

服務規律の就業規則規定例

　就業規則に服務規律を定める場合は，会社で実際に守るべきルールを検討しながら，上記事項を参考に網羅的に列挙していきます。出退勤，ハラスメント，

88　第2章　労務管理の基礎を押さえて，会社の体制を整える！

個人情報の取扱いなどは，文量が多くなるため，別の規定で定めることも可能です。

第〇条（服務の原則）

　社員は，この規則に定めた事項のほか，業務上の指揮命令に従い，自己の業務に専念し，創意を発揮して能率の向上に努めるとともに，お互いに協力して職場の秩序を維持しなければならない。

第〇条（遵守事項）

　社員は職場の秩序を保持し，業務の正常な運営を図るため，次の各号に定める事項を守らなければならない。

①　社員は会社の方針及び自己の責務をよく認識し，その業務に参与する誇りを自覚し，会社及び上司の指揮と計画の下に，全員よく協力，親和し，秩序よく業務の達成に努めること

②　社員は業務組織に定めた分担と会社の諸規則（就業規則等）に従い，上司の指揮の下に，誠実，正確かつ迅速にその職務にあたること

③　勤務時間を励行し　職場を離れる場合は所在を明らかにしておくこと

④　他人の職務を妨害し，又は職場の風紀秩序を乱さないこと

⑤　流言，暴行，脅迫，傷害，侮辱等の行為をしないこと

⑥　勤務中飲酒，飲食，放歌，無用な私語などをしないこと。また，酒気を帯びて就業しないこと

⑦　許可なく日常携帯品以外の品物を持ち込んだり，又は持ち出したりしないこと。やむを得ず必要な場合は，所属長の許可を受けること

⑧　社内において賭け事をしないこと

⑨　職場の整理整頓に努め，常に清潔に保つようにすること

⑩　服装等の身だしなみについては，常に清潔に保つことを基本とし，他人に不快感や違和感を与えないこと

⑪　社員が以下の行為をしようとするときは，あらかじめ上司の承認を得て行うこと

　　イ　物品の購入をするとき（消耗品の購入は除く）

　　ロ　販売物件及び手数料の値引きをするとき

　　ハ　会社の重要書類又はこれに類する物品等を社外に持ち出すとき

⑫　社員は，以下に該当する事項が生じたときは，速やかに会社へ届け出ること

　　イ　社員が自己の行為により，会社の施設，器物，資材，商品等を損傷し，若しくは他人に損害を与えたとき

　　ロ　会社の損失若しくはお客様に損害を及ぼし，又はその虞があるのを知ったとき

　　ハ　会社又は社員に災害の発生，又はその虞があるのを知ったとき

二　会社の安全操業に支障をきたし，又はその虞があるとき

⑬　会社の器具その他備品を大切にし，消耗品の節約に努め，商品及び書類その他会社の物品を丁寧に取扱い，その保管を厳重にすること

⑭　許可なく職務以外の目的で会社の設備，車両，機械，器具その他の物品を使用したり他人に貸与，持ち出ししないこと

⑮　許可なく販売活動やそれに類似する行為を行わないこと

⑯　許可なく会社の金銭，物品，文書その他の情報を，外部に持ち出さないこと

⑰　常に品位を保ち，会社の名誉を傷つけるようなことをしないこと

⑱　社員は職務上の地位を利用し私的取引をなし，金品の借入又は手数料，リベートその他金品の収受若しくはゴルフの接待など私的利益を受けないこと。また，会社の許可なく取引先等に金品又は利益を贈与しないこと

⑲　許可なく社用以外の目的で社名を用いないこと

⑳　会社の業務上の機密事項及び会社の不利益となるような事項を他に漏らさぬこと

㉑　社内において許可なく業務に関係のない集会をし，印刷物を配布し，又は掲示等をしないこと

㉒　社内において，政治活動，宗教活動をしないこと

㉓　暴力団員，暴力団関係者その他反社会的勢力と関わりを持ったり，交流したり，又はそのように誤解される行為をしないこと

㉔　個人の尊厳を重んじ，相手方の望まない性的言動により，他の労働者に不利益を与え，就業環境を害すると判断される行為等をしないこと

㉕　職責を利用して交際を強要し，性的関係を強要する行為等をしないこと

㉖　職権などの立場を利用して，業務上の適切な範囲を超えて個々の社員の人格を無視した言動や強要を行い，社員の健康や職場環境を悪化させ，又は雇用不安を与える等の行為をすること

㉗　社員は会社に許可なく副業し，他の会社に籍をおいたり，又は自ら事業を営んだりしないこと

㉘　常に健康を維持できるよう，体の自己管理に気を配ること

㉙　喫煙は定められた場所で行い，防火に留意し，社内を歩行中くわえ煙草をしないこと

㉚　社員間で，原則として金銭の貸借を行わないこと

㉛　社員は会社及び自己のパソコンを用いて，業務中に私的な理由で電子メールの送受信，ホームページの閲覧，オークション，動画閲覧等の業務の妨げとなる行為をしないこと

㉜　社員は会社及び自己のパソコン（個人のブログやSNS等も含む）を用いて，会社の業務情報・未公開情報，顧客情報，会社に関連する画像・動画流出等の行為をしない

90　　第2章　労務管理の基礎を押さえて，会社の体制を整える！

こと
㉝　社員は会社及び自己の携帯電話を用いて，業務中に私的な理由でホームページの閲覧，オークション，動画閲覧等の業務の妨げとなる行為をしないこと
㉞　社員は会社及び自己の携帯電話（個人のブログやSNS等も含む）を用いて，会社の業務情報・未公開情報，顧客情報，会社に関連する画像・動画流出等の行為をしないこと
㉟　前各号の他，これに準ずるような社員としてふさわしくない行為をしないこと

出退勤は別規程

第〇条（出勤・退勤）
　社員は，始業時刻前に出勤し，業務が開始できるように準備をし，始業時刻には業務を開始し，終業時刻まで業務を行い，終業時刻前に帰り支度や，業務から離れるようなことはしてはならない。
2　社員は，出勤簿もしくはタイムカードに始業及び終業の時刻を記載（打刻）しなければならない。ただし，別の方法により管理を行う場合がある。
3　他人に出勤簿を記載させたり，または他人の記載をしてはならない。
4　虚偽の申告の場合は，本規則による制裁を行う。

第〇条（遅刻，早退及び私用外出等の手続き）
　社員が，遅刻，早退及び私用外出する場合は，遅刻，早退届の提出等，所定の手続きにより事前に所属長の承認を得なければならない。ただし，やむを得ない理由により事前に承認を得られなかった場合は，事後速やかに届け出て承認を得なければならない。

第〇条（欠勤手続き）
　社員が，病気その他やむを得ない理由で欠勤するときは，その具体的事由と予定日数を原則として，あらかじめ所属長に届け出て，承認を得なければならない。ただし，あらかじめ届け出ることができないときは，欠勤初日の業務開始前，または遅くとも業務開始後1時間内までに連絡し，出勤した日に届け出て承認を得なければならない。
2　社員が，私傷病により連続4日以上欠勤するときは，医師の診断書またはこれに準ずるもの（医師の意見を書いた傷病手当金支給申請書等）を提出しなければならない。
3　前項の場合においては，会社の指定する医師の診断を受けさせることがある。

18 勤務間インターバル制度

勤務間インターバル制度とは

　勤務間インターバル制度とは，業務終了後，翌日の出社までの間に，一定時間以上の休息時間（インターバル）を確保する制度です。
　これは，労働者の生活時間や睡眠時間を確保しようとするもので，労働時間等設定改善法により，勤務間インターバル制度の導入が事業主の努力義務となっています。既にEUでは，終業時刻から次の始業時刻の間に11時間以上の休息を確保することが義務づけられています（厚生労働省では，勤務間インターバルとして9～11時間の休息を推奨しています）。

勤務間インターバル制度の内容

≪始業時刻が9時，終業時刻が18時の会社で，前日に23時まで残業した場合≫
　インターバルの時間を11時間で設定していた場合は，前日23時から11時間を経過した翌日10時が始業時刻となります。

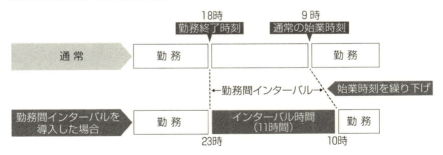

勤務間インターバル制度のメリット

メリット1 労働者の健康の維持 向上につながる	インターバル時間が短くなるにつれてストレス反応が高くなり，起床時疲労感が残ることが研究結果から明らかになっています。十分にインターバル時間を確保することで，体が楽になり，労働者の健康の維持・向上につながります。
メリット2 労働者の定着や確保 が期待できる	十分なインターバル時間の確保により，ワーク・ライフ・バランスの充実を図ることで，魅力ある職場づくりの実現につながり，人材の確保・定着，離職者の減少も期待されます。
メリット3 生産性の向上につな がる	十分なインターバル時間の確保により，仕事に集中する時間とプライベート時間のメリハリをつけることができるようになります。この結果，仕事への集中度が高まり，生産性の向上も期待できます。

勤務間インターバル制度の就業規則規定例

　勤務間インターバル制度を導入する場合は，①インターバル（休息時間）と翌日所定労働時間が重複する部分を労働したとみなす場合と，②始業・終業時刻を繰り下げる場合の2つの方法があります。

≪インターバルと翌日所定労働時間が重複する部分を労働したとみなす場合≫

（勤務間インターバル制度）

第○条　労働者ごとに1日の勤務終了後，次の勤務の開始までに少なくとも，11時間の継続した休息時間を与える。

2　前項の休息時間の満了時刻が，次の勤務の所定始業時刻以降に及ぶ場合，当該始業時刻から満了時刻までの時間は労働したものとみなす。

3　ただし，災害その他避けることができない場合は，その限りではない。

≪始業・終業時刻を繰り下げる場合≫

（勤務間インターバル制度）

> 第○条　労働者ごとに1日の勤務終了後，次の勤務の開始までに少なくとも，11時間の
> 　　　継続した休息時間を与える。
> 2　前項の休息時間の満了時刻が，次の勤務の所定始業時刻以降に及ぶ場合，翌日の始
> 　　業時刻は，前項の休息時間の満了時刻まで繰り下げる。終業時刻についても同様に繰
> 　　り下げる。
> 3　ただし，災害その他避けることができない場合は，その限りではない。

19　社員の健康診断，健康対策

　会社は，労働安全衛生法などにより，労働者の安全及び健康を守るための安全配慮義務を負っています。労働安全衛生法第66条に基づき，労働者に対して，医師による健康診断を実施する義務があります。労働者にも，会社が行う健康診断を受ける義務が生じます。

雇入れ時の健康診断

　労働者を雇入れた際には，雇入れの直前または直後に，健康診断を行うことが義務づけられています。対象者が雇入れ前（3か月以内）に受診した健康診断結果を提出した場合は，提出された内容の限りで健康診断項目を省略することができます。

　雇入れ時健康診断項目は次のとおりです。

≪雇入れ時健康診断項目≫

> ①　既往歴及び業務歴の調査
> ②　自覚症状及び他覚症状の有無の検査
> ③　身長，体重，腹囲，視力及び聴力の検査
> ④　胸部エックス線検査
> ⑤　血圧の測定
> ⑥　貧血検査（血色素量及び赤血球数）

⑦　肝機能検査（GOT，GPT，γ-GTP）

⑧　血中脂質検査（LDLコレステロール，HDLコレステロー ル，血清トリグリセライド）

⑨　血糖検査

⑩　尿検査（尿中の糖及び蛋白の有無の検査）

⑪　心電図検査

定期健康診断

　会社は1年以内ごとに1回，定期的に健康診断を行うことが義務づけられています。

　定期健康診断項目は次のとおりです。

≪定期健康診断項目≫

①　既往歴及び業務歴の調査

②　自覚症状及び他覚症状の有無の検査

③　身長※，体重，腹囲※，視力及び聴力の検査

④　胸部エックス線検査※及び喀痰検査※

⑤　血圧の測定

⑥　貧血検査（血色素量及び赤血球数）※

⑦　肝機能検査（GOT，GPT，γ-GTP）※

⑧　血中脂質検査（LDLコレステロール，HDLコレステロー ル，血清トリグリセライド）※

⑨　血糖検査※

⑩　尿検査（尿中の糖及び蛋白の有無の検査）

⑪　心電図検査※

※健診項目の省略：医師が必要でないと認めるときは省略することができます。

健康診断の種類

　会社に実施が義務づけられている健康診断は，次のとおりです。

健康診断の種類	対象労働者	実施時期
雇入れ時	常時使用する労働者	雇入れの際
定期	常時使用する労働者	1年以内ごとに1回
特定業務従事者	労働安全衛生規則第13条第1項第2号の業務（有害放射線にさらされる業務，坑内における業務，深夜業を含む業務など）に常時従事する労働者	左記業務への配置替えの際，6か月以内ごとに1回
海外派遣労働者	海外に6か月以上派遣する労働者	海外に6か月以上派遣する際，帰国後国内業務に就かせる際
給食社員の検便	事業に附属する食堂または炊事場における給食の業務に従事する労働者	雇入れの際，配置替えの際

健康診断の対象者

　次の2つの要件を満たす労働者（常時使用する労働者）は，健康診断の対象者となります。
①　期間の定めのない契約で雇用される労働者
　期間の定めのある雇用契約の場合は，1年以上雇用されることが予定されている労働者，及び更新により1年以上雇用されている労働者
②　1週間の労働時間数が，同種の業務に従事する通常の労働者の1週間の所定労働時間数の4分の3以上であること
※①に該当し，1週間の労働時間数が同種の業務に従事する通常の労働者の1週間の所定労働時間数の概ね2分の1以上である労働者に対しても一般健康診断を実施するのが望ましいとされています。

健康診断の費用

　健康診断は，労働安全衛生法で事業者に義務づけられています。したがって，

健康診断の費用は当然に会社側が負担すべきものとされています。ただし，義務づけられていない再検査費用やオプション検査などは本人負担でも問題ないと考えられます。

健康診断結果の保存，報告

健康診断の結果は，本人に通知するとともに，健康診断個人票を作成して5年間保存しておかなくてはなりません。データでの保存も可能です。また，常時50人以上の労働者を使用する事業者は，定期健康診断を行ったときは，遅滞なく，「定期健康診断結果報告書」を所轄労働基準監督署長に提出しなければなりません。

労働安全衛生法に基づく健康診断の結果は，会社に帰属する情報となりますので，医療機関からの情報提供について，労働者の同意は必要ありません。ただし，労働安全衛生法の健診項目以外の特別健診や再検査，臨時の健康診断の結果を会社に通知してもらうためには，本人の同意が必要です。

診断結果に異常があった場合の対応

健康診断等の結果，異常の所見があると診断された労働者については，3か月以内に医師または歯科医師の意見を聴く必要があります。また，医師などの意見を勘案して，必要がある場合は，労働時間の短縮，就業場所の変更，作業の転換，深夜業の回数の減少などの措置を講ずる必要があります。

長時間労働者への医師による面接指導

脳血管疾患及び虚血性心疾患は，長時間労働と関連性が強いとされています。

そのため，時間外労働が1か月80時間を超え，疲労の蓄積が認められる労働者が，面接を申し出た場合には，医師による面接指導を行わなくてはなりません。医師の面接指導とは，問診その他の方法により心身の状況を把握し，これに応じて必要な指導を行うことをいいます。

会社は，面接指導の結果を踏まえて，必要がある場合は，労働時間の短縮，就業場所の変更，作業の転換などの事後措置を行います。

管理監督者については，過重労働防止の観点から，労働時間の把握が義務化されており，面接指導の要件に該当する管理監督者から申出があった場合には，医師による面接指導を行う必要があります。

≪医師による面接指導の要件≫

| ① 時間外労働が1か月80時間を超えている |
| ② 疲労の蓄積が認められる |
| ③ 本人から面接の申出がある |

医師の面接指導

※一般労働者以外の管理監督者にも適用
※高度プロフェッショナル制度適用者，研究開発業務従事者，長時間労働をする医師は，要件が異なります。

20　ストレスチェック

ストレスチェックとは，ストレスに関する質問票（選択回答）に社員が記入し，それを集計・分析することで，ストレスがどのような状態にあるのかを調べる検査です。

定期的に社員のストレスの状況について検査を行い，本人にその結果を通知して，自分のストレスの状況について気付きを促し，メンタルヘルス不調のリスクを減らすとともに，検査結果を集団的に分析して，職場環境の改善につなげることによって，社員がメンタルヘルス不調になることを未然に防止することを主な目的としています。

社員が50人以上の事業場では，毎年1回ストレスチェックを実施する必要があります。50人未満の会社では努力義務となりますが，メンタルヘルス対策の一環として実施するのも良いでしょう。

ストレスチェックと面接指導の実施状況は，毎年，労働基準監督署に所定の

様式で報告します。報告書の提出時期は、各事業場における事業年度の終了後など、事業場ごとに設定しても問題ありません。

ストレスチェック制度の流れ

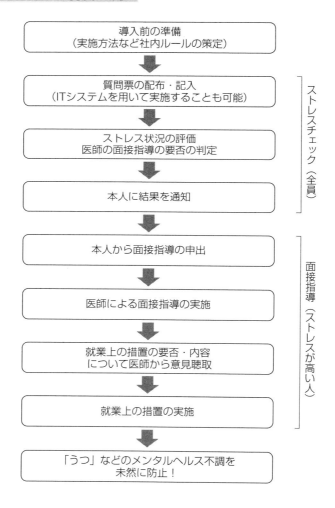

ストレスチェック

≪職業性ストレス簡易調査票≫

職業性ストレス簡易調査票(57項目)

A あなたの仕事についてうかがいます。
最もあてはまるものに○を付けてください。
【回答肢(4段階)】そうだ／まあそうだ／ややちがう／ちがう

1. 非常にたくさんの仕事をしなければならない
2. 時間内に仕事が処理しきれない
3. 一生懸命働かなければならない
4. かなり注意を集中する必要がある
5. 高度の知識や技術が必要なむずかしい仕事だ
6. 勤務時間中はいつも仕事のことを考えていなければならない
7. からだを大変よく使う仕事だ
8. 自分のペースで仕事ができる
9. 自分で仕事の順番・やり方を決めることができる
10. 職場の仕事の方針に自分の意見を反映できる
11. 自分の技能や知識を仕事で使うことが少ない
12. 私の部署内で意見のくい違いがある
13. 私の部署と他の部署とはうまが合わない
14. 私の職場の雰囲気は友好的である
15. 私の職場の作業環境(騒音、照明、温度、換気など)はよくない
16. 仕事の内容は自分にあっている
17. 働きがいのある仕事だ

B 最近1か月間のあなたの状態についてうかがいます。
最もあてはまるものに○を付けてください。
【回答肢(4段階)】ほとんどなかった／ときどきあった／しばしばあった／ほとんどいつもあった

1. 活気がわいてくる
2. 元気がいっぱいだ
3. 生き生きする
4. 怒りを感じる
5. 内心腹立たしい
6. イライラしている
7. ひどく疲れた
8. へとへとだ
9. だるい
10. 気がはりつめている
11. 不安だ
12. 落着かない
13. ゆううつだ
14. 何をするのも面倒だ
15. 物事に集中できない
16. 気分が晴れない
17. 仕事が手につかない
18. 悲しいと感じる
19. めまいがする
20. 体のふしぶしが痛む
21. 頭が重かったり頭痛がする
22. 首筋や肩がこる
23. 腰が痛い
24. 目が疲れる
25. 動悸や息切れがする
26. 胃腸の具合が悪い
27. 食欲がない
28. 便秘や下痢をする
29. よく眠れない

C あなたの周りの方々についてうかがいます。
最もあてはまるものに○を付けてください。
【回答肢(4段階)】非常に／かなり／多少／全くない

次の人たちはどのくらい気軽に話ができますか?
1. 上司　2. 職場の同僚　3. 配偶者、家族、友人等

あなたが困った時、次の人たちはどのくらい頼りになりますか?
4. 上司　5. 職場の同僚　6. 配偶者、家族、友人等

あなたの個人的な問題を相談したら、次の人たちはどのくらいきいてくれますか?
7. 上司　8. 職場の同僚　9. 配偶者、家族、友人等

D 満足度について
【回答肢(4段階)】満足／まあ満足／やや不満足／不満足

1. 仕事に満足だ　2. 家庭生活に満足だ

(出典) 厚生労働省　ストレスチェック制度導入ガイド

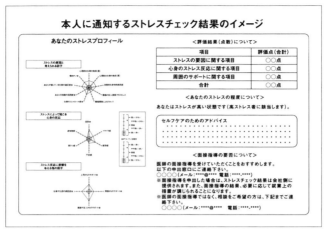

(出典) 厚生労働省 ストレスチェック制度導入ガイド

21 労働保険と社会保険の基礎知識

労働保険・社会保険とは

　会社は，社員を雇用するうえで，労働者災害補償保険（労災保険），雇用保険，健康（介護）保険，厚生年金保険に加入することが義務づけられています。これらの保険は，「公的保険」といわれています。公的保険の運営は，国と公法人（協会けんぽ等）が行っています。社員の病気，ケガ，結婚，出産などで必要な給付を受けることができ，高齢になれば年金を受け取ることができます。

労働保険・社会保険の種類と内容

種類	内容	保険料負担
労災保険（労働者災害補償保険）	業務上や通勤中にケガなどをしたとき，事業主に代わって，必要な給付を行います。また，労働者やその遺族に対し，社会復帰の促進など，福祉の増進をはかるための事業も行っています。	事業主が全額保険料を負担

雇用保険	労働者が退職などで失業したり，雇用の継続が困難となった場合に，必要な給付を行います。また，教育訓練や子を教育するための休業をした場合にも必要な給付を行っています。さらに，ハローワークでは，失業の予防や雇用機会の増大，能力の開発などに関する事業も行っています。	事業主と被保険者が保険料を負担
健康（介護）保険	健康保険の被保険者が，業務上及び通勤の災害以外の事由による病気やケガ，死亡または出産に対して保険給付を行います。また，被保険者だけではなく，被扶養者の病気やケガ，死亡または出産についても保険給付を行います。 健康保険には，全国健康保険協会管掌健康保険（協会けんぽ）と健康保険組合が管理する組合管掌健康保険（組合保険）があります。	事業主と被保険者が保険料を負担
厚生年金保険	主に民間のサラリーマンのための公的年金制度で，老後の生活を支えるものです。また，病気やケガなどにより障害者となった場合の本人とその家族のための障害年金や，死亡した場合の遺族年金などがあります。	

　一般的には，労災保険と雇用保険を総称して労働保険と呼び，健康（介護）保険と厚生年金保険を総称して社会保険と呼びます。それぞれの取扱い窓口は下の図表のとおりです。

〇労働保険・社会保険の取扱い窓口

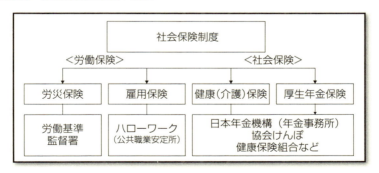

〇労働基準監督署…労働基準法等の法律に基づいた監督指導，仕事に関する負傷などに対する労災保険給付などを行う公的機関です。
〇ハローワーク（公共職業安定所）…職業相談や職業紹介などの雇用に関する

サービスを提供する国（厚生労働省）の機関です。

○日本年金機構（年金事務所）…資格取得・喪失手続きや国民年金・厚生年金の支払いなどの業務を行う国（厚生労働省）の機関です。

○協会けんぽ…協会けんぽとは，全国健康保険協会の略称です。従来，健康保険は国で運営されていましたが，平成20年10月からは，協会けんぽが運営しています。

○健康保険組合…国に代わって健康保険事業を運営する公法人です。業種単位や会社単位で組織されています。

社会保険の適用拡大

社会保険の適用拡大は，令和6年10月からは51人以上の会社が対象となり，社員はもちろん，中小企業経営者にとっても大きな関心事の1つです。

次の①から⑤までの要件を満たす場合，健康保険，厚生年金保険の被保険者となります。

① 週の所定労働時間が20時間以上であること
② 雇用期間が2か月を超えることが見込まれること
③ 賃金の月額が8.8万円以上であること
④ 学生でないこと
⑤ 被保険者の総数が常時500人を超える適用事業所（特定適用事業所）に使用されていること

⑤については，令和4年10月からは100人超，令和6年10月からは50人超に対象が拡大されていきます。

次の図表は，社会保険適用拡大のスケジュールとなります。

	平成28年10月〜	令和4年10月〜	令和6年10月〜
労働時間要件	週所定労働時間20時間以上	週所定労働時間20時間以上	週所定労働時間20時間以上

勤務期間要件	雇用期間が1年以上見込まれる	雇用期間が「2か月超」見込まれる	雇用期間が「2か月超」見込まれる
賃金要件	賃金月額8.8万円以上	賃金月額8.8万円以上	賃金月額8.8万円以上
学生除外要件	学生でないこと	学生でないこと	学生でないこと
企業規模要件	被保険者総数が常時500人超（501人以上）	被保険者総数が常時100人超（101人以上）	被保険者総数が常時50人超（51人以上）

≪社会保険加入のフローチャート≫

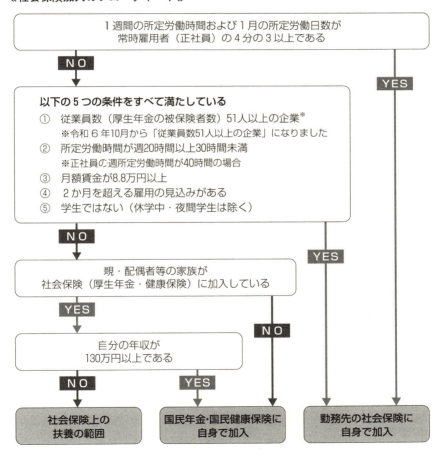

第3章

採用・雇用契約書，退職時は，最低限これだけは押さえておく！

① 募集・面接・採用のルール

社員を雇用する場合は，募集⇒書類選考⇒面接⇒採用の流れで実施していきます。それぞれ効果的な方法や気をつけなくてはならないルールがあります。

募集の方法

募集の方法は様々あります。無料で募集できる方法（ハローワーク等）や，有料で募集する方法があります。ハローワークは全国で利用できるほか，募集情報をインターネットで公開することができ，とても便利です。

≪募集方法・例≫

① ハローワークに募集をかける方法
② 求人を専門に扱っている民間の職業紹介会社に求人情報を掲載してもらう方法
③ 自社のホームページに求人情報を掲載する方法
④ 求人誌や新聞広告に掲載する方法
⑤ 知人に紹介してもらう方法　　　　　　　　など

ハローワークでは，求人票を作成するときに，次の3枚の書類に記載が必要となります。

106　第3章　採用・雇用契約書，退職時は，最低限これだけは押さえておく！

≪求人票作成に必要な書類≫

① 事業所登録シート
② 事業所地図登録シート
③ 求人申込書

　ハローワークで配布されている「求人申込書の書き方」を参考にして，会社オリジナルの募集文章を記載していきましょう。「事業所地図登録シート」は唯一手書きで記載することになりますので，求職者にアピールするうえでも丁寧に記載すると良いでしょう。

　≪POINT≫募集時などの明示事項の追加

　令和6年4月から，募集時などに明示すべき労働条件が追加されました。労働基準法施行規則改正（労働契約締結時の明示義務（P.132））と同様の改正です。追加された明示事項は，次のとおりです。
① 従事すべき業務の変更の範囲
② 就業場所の変更の範囲
③ 有期労働契約を更新する場合の基準

○採用時の年齢制限の禁止（雇用対策法）

　労働者の募集及び採用のときには，原則として年齢を不問としなければなりません。ただし，若年者を採用し，長期にキャリア形成を図る場合などは，採用時の年齢制限が条件つきで認められます。

≪年齢制限が認められる場合≫

① 定年年齢を上限として，その上限年齢未満の労働者を期間の定めのない労働契約の対象として募集・採用する場合
　認められる場合：定年が60歳の会社が，60歳未満の人を募集　　○

② 労働基準法その他の法令の規定により年齢制限が設けられている場合
　認められる場合：18歳以上の人を募集（警備業法第14条の警備業務）　　○

③ 長期勤続によるキャリア形成を図る観点から，若年者等を期間の定めのない労働契約の対象として募集・採用する場合（年齢上限35歳，〜44歳程度で，職務経歴不問など）
　認められる場合：35歳未満の人を募集（高卒以上・職務経験不問）　　○

45歳未満の人を募集（要普通自動車免許）	○

④　技能・ノウハウの継承の観点から，特定の職種において労働者数が相当程度少ない特定の年齢層に限定し，かつ，期間の定めのない労働契約の対象として募集・採用する場合
　　認められる場合　電気通信技術者として，30～39歳の人を募集（電気通信技術者は，20～29歳が10人，30～39歳が2人，40～49歳が8人）　　　○

⑤　芸術・芸能の分野における表現の真実性などの要請がある場合
　　認められる場合：演劇の子役のため，○歳以下の人を募集　　　○

⑥　60歳以上の高年齢者，就職氷河期世代（昭和43年4月2日から昭和63年4月1日までに生まれた者）または特定の年齢層の雇用を促進する施策（国の施策を活用しようとする場合に限る）の対象となる者に限定して募集・採用する場合
　　認められる場合：60歳以上の人を募集　　　○

○性別による募集・採用差別の禁止（男女雇用機会均等法）

　労働者の募集・採用については，性別にかかわりなく均等な機会を与えなければなりません。例えば，募集のときに「男性歓迎」「女性向きの職種」などの表示を行うことはできません。

≪性別を理由とする差別≫

①　募集・採用の対象から男女のいずれかを排除すること
②　募集・採用の条件を男女で異なるものとすること
③　採用選考において，能力・資質の有無等を判断する方法や基準について男女で異なる取扱いをすること
④　募集・採用に当たって男女のいずれかを優先すること
⑤　求人の内容の説明等情報の提供について，男女で異なる取扱いをすること
◎具体例
　女性のみ　×
　今年は5名新規採用　男性4名，女性1名採用　　×

　また，労働基準法では，児童の健康と福祉の確保等の観点から，原則として満15歳に達した日以後の最初の3月31日が終了するまでの児童の雇用を禁止しています。

書類選考の方法

○履歴書，職務経歴書の確認

　良い人材を採用するうえで，送られてきた履歴書，職務経歴書を見極めてから面接を行うことはとても重要です。履歴書では，会社への入社意欲や職務能力，志望動機を把握します。また，貼付されている写真は適切か，自筆の箇所は丁寧か，チェックするポイントは多くあります。

履歴書チェック項目
①　写真がスナップ写真，だらしない私服での撮影，正面を向いていない等
②　履歴書作成の年月日は会社に届いた日にちの数日前か（他社に応募した使い回しだと数か月前の日付が記載されている場合もある）
③　住所欄に都道府県の記載がない，マンション名を省略している等
④　前職名や学校名が正式名称で記載されていない
⑤　入学・卒業年度が相違している
⑥　6か月以上のブランク期間がある（卒業後や退職後）
⑦　遠隔地（通勤できない場所）からの応募である
⑧　志望動機があいまいである
⑨　数か月～1年単位の転職が多い
⑩　退職理由がすべて一身上の都合と記載されている

面接の方法

　面接は採用試験において書類選考では見抜けない応募者の本質を短時間で見極める非常に大切なプロセスです。

　応募者を見極めるポイントは，主に4つあります。

① 社会人評価	② 人物評価
・面接時間に遅れずに来る。遅れる場合でも事前に連絡を入れている ・面接にふさわしい服装をする ・敬語や会話のキャッチボールができているかを確認する ・相手の目を見て会話をする　など	・面接官の話を的確に理解していて，会話を組み立て，話をしている ・応募者が与える印象，態度，長所や短所から見極める ・圧迫面接で，どのように切り返すかで見極める　など
③ 能力評価	④ 志望動機・PR評価
・新卒採用では，職務経験がないため，履歴書で判断する。専攻科目，アルバイト経験，筆記試験から判断する ・中途採用では，職務経歴書の職務経験から応募企業で発揮できる強みを自分自身で自覚し，面接時に説明できれば有望である	・応募企業だからこそ入社したい具体的な理由から判断する（最低限，会社ホームページを見てきている） ・仕事への意欲，向上心，熱意があるかを確認する　など

　面接では，応募者の適性や能力を見極めます。適性や能力とは関係のない民族，本籍，体のサイズなどを質問することは，就職差別につながるおそれがあるため，面接で聞いてはいけません。

　（不適切な）質問（代表例）は次のとおりです。

① 本籍に関する質問 ・本籍地はどこですか。 ・お父さんやお母さんの出身地はどこですか。
② 住居とその環境に関する質問 ・あなたの住んでいる地域はどんな環境ですか。
③ 家族構成や家族の職業・地位・収入に関する質問 ・あなたのお父さんはどこの会社に勤めていますか。また役職は何ですか。 ・あなたの家族の収入はどれくらいですか。 ・お父さん（お母さん）がいないようですが，どうしたのですか。
④ 資産に関する質問 ・あなたの住んでいる家は一戸建てですか。

○入社時に提出してもらう書類・確認事項

　入社時には，人事労務管理に必要な様々な書類を提出してもらいます。次の図表を参考にして提出書類リストを作成し，漏れがないようにするとよいでしょう。提出期限を「入社日から5日以内」「入社日から10日以内」などと定めて，社員には提出期限を守るように伝えましょう。

書類など	内容・確認事項など
□①雇用保険被保険者証 　（前職がある場合）	前職の会社から渡された被保険者証を用意してもらいます。雇用保険の被保険者番号は，前職から引き継いでハローワークに登録されます。ハローワークに提出する書類に番号を記載します。
□②年金手帳※（コピー） 　マイナンバー 　※令和4年4月から年金 　　手帳は基礎年金番号通 　　知書へ切り替わりまし 　　た。	雇用保険や社会保険の加入の手続きにはマイナンバーの記載が必要です。社会保険の場合は，マイナンバーの代わりに基礎年金番号の記載も可能です。 年金手帳には，10桁の年金番号が登録されており，番号を年金事務所に提出する書類に記載します。紛失した場合は，基礎年金番号通知書の再発行を行います。
□③扶養者の情報	扶養者の続柄（妻・長男など），氏名，性別，生年月日，職業などを把握します。扶養の把握は，次の事項の確認のときに必要です。 □1．健康保険の扶養・国民年金第3号被保険者の届出 □2．給与計算時の源泉所得税の計算 □3．家族手当の確認（支給している場合）
□④扶養控除等(異動)申告書	源泉徴収や年末調整などに必要になります。 入社日を，記録（メモ）しておくと良いでしょう。
□⑤源泉徴収票 　（前職がある場合）	
□⑥履歴書 　（採用選考・面接時に必須）	氏名・生年月日・住所など本人の基本情報が記載されているため，ハローワークや年金事務所に提出する書類や労働者名簿作成に必要になります（一般的に採用面接時に入手済み）。 ※通勤のための通勤交通費額も，事前に把握しておきます。

○その他必要に応じて提出してもらう書類・確認事項

書類など	内容・確認事項など
□①健康診断書（3か月以内）	健康診断書は，本人の最近の健康状態を把握するために必要です。本人の健康状態を詳細に把握する場合は，「健康状態自己申告書」（任意）を作成し，持病や入院歴・通院歴などを本人同意のもと，自己申告してもらいます。
□②身元保証書・誓約書	身元保証書は，社員が会社に損害を与えた場合に，損害を社員本人と連帯して保証人が賠償するという契約の意味で作成します。身元保証書には，「極度額」（保証人が負担すべき額の上限額）の記載が必要です。令和2年4月以降の個人に対する身元保証契約は，極度額が定められていない場合，無効となります。誓約書は社員が会社のルールを遵守してもらう意味で作成します。
□③秘密保持誓約書	企業秘密の外部漏えい防止や管理のために必要です。

≪POINT≫雇入れ時の健康診断（P.93）

　労働者を雇入れた際には，雇入れの直前または直後に，健康診断を行うことが義務づけられています。中小企業では，雇入れ時の健康診断をうっかり忘れてしまう場合があります。対象者が雇入れ前（3か月以内）に受診した健康診断結果を提出した場合は，提出された内容の限りで健康診断項目を省略することが可能です。

2　その他採用に絡む法律

募集時の虚偽求人（職業安定法第5条の4，第65条）

　求人などに当たって，虚偽の表示・誤解を生じさせる表示はしてはいけません。例えば，正社員（期間の定めのない契約）のみの募集としながら実際には有期雇用契約だったケース，実際の賃金より高額の賃金額を掲載するといったケースは虚偽求人となります。

112　第3章　採用・雇用契約書，退職時は，最低限これだけは押さえておく！

　虚偽求人の罰則は，6か月以下の懲役，または30万円以下の罰金です。

　また，次の措置を行うなど，求人情報を正確・最新の内容に保つ必要があります。

---

① 募集を終了・内容変更したら，速やかに求人情報の提供を終了・内容を変更する。
② 求人メディア等の募集情報等提供事業者を活用している場合は，募集の終了や内容変更を反映するよう依頼する。
③ いつの時点の求人情報かを明らかにする。
④ 求人メディア等の募集情報等提供事業者から，求人情報の訂正・変更を依頼された場合には，速やかに対応する。

内定，始期付解約権留保付労働契約

　内定とは，「××年の○月△日」から採用することを，入社候補者に伝えることをいいます。内定の法律的な性格は，「始期付解約権留保付労働契約」とされています。これは，例えば学校を卒業後に4月1日からの労働を約束した契約であり，入社日までの間について，会社に内定取消事由による解約権が留保されている契約のことをいいます。

　内定の取り消しは，採用内定時に知ることができず，知ることが期待できない事実が後日判明したときに，これを理由に内定を取り消すことが客観的に合理的と認められ，社会通念上相当として認められる場合に限定されます。具体的には，単位を取れずに学校を卒業できなかった，経歴詐称をしていた，病気で働くことができなくなった，などです。

○新卒者の内定取り消し

　新卒者の内定を取り消すときは，事前にハローワークと学校に通知をしなければなりません。また，2年連続で内定を取り消したり，同一年度内で10名以上の内定取り消しをした場合などは，厚生労働省が企業名を公表する場合があります。

≪採用内定通知書フォーム例≫

令和6年2月1日

採用内定通知書

△△　様

株式会社××　代表取締役　金山太郎

拝啓　時下ますますご清祥のこととお慶び申し上げます。

　先日はお忙しい中，面接のお時間を頂き誠にありがとうございました。

　採用について慎重に検討した結果，あなたを令和6年4月1日より採用させて頂くことに内定致しましたので，ここにご通知差し上げます。

　つきましては，同封の誓約書，入社承諾書，身元保証書に必要事項をご記入の上，○○年○月○日までにご返送ください。

　入社される日を心よりお待ち申し上げております。

敬具

労働基準法違反の労働契約

　労働基準法に定める基準に満たない労働契約は無効であり，無効となった部分は，労働基準法に定める基準が適用されます。たとえ労働者がその内容に合意していたとしても，労働基準法に定める基準に満たない労働契約は認められません。また，就業規則を下回る労働契約を結んだ場合は，その部分については無効となります。

≪労働基準法違反の労働契約≫

・休日は月に1回とする。⇒　×
・1日の所定労働時間は10時間とする。⇒　×
・年次有給休暇は雇入れの日から起算して3年目から与える。⇒　×

賠償予定の禁止

　会社は，労働契約の不履行について違約金を定めたり，損害賠償額を予定する契約をしてはいけません。あらかじめ金額を決めておくことは禁止されていますが，現実に労働者の責任により生じた損害について賠償を請求することを定めることは可能です。

≪賠償予定額の請求例≫

・会社に損害を与えたら100万円支払え⇒　×
・途中退職の場合は100万円の違約金を支払え⇒　×

≪損害賠償の就業規則　規定例≫

第○条（損害賠償）
　会社は，社員が故意又は重大な過失・不正行為によって，会社に損害を与えたときは，その損害の全部又は一部を賠償させる。懲戒されたことによって損害の賠償を免れることはできない。

働かせることのできる最低年齢

　高校生や大学生のアルバイトを雇用する中小企業も多いと思います。働かせることのできる最低年齢は労働基準法で定められているため，注意が必要です。

児童	満15歳に達した日以後最初の３月31日が終了するまでの者
年少者・未成年者	満18歳に満たない者

　児童については，原則として，満15歳に達した日以後の最初の３月31日までは働かせることができません。例外として，満13歳以上の児童については，非工業的業種で，①健康及び福祉に有害でないこと，②労働が軽易であること，③所轄労働基準監督署長の許可を得ること，④修学時間外に使用することなど

により働かせることが可能となります。

また，満13歳未満の児童については，映画の制作または演劇の事業に限り，「子役」として，上記①～④の条件を満たした場合には，働かせることが認められています。

○年少者の証明書

年齢を証明する戸籍証明書を事業場に備え付けなければなりません。一般的には，氏名と生年月日が記載された戸籍抄本や住民票，住民票記載事項証明書を備え付けます。なお，本籍地の記載は必要ありません。

労働基準監督署の許可を受けて雇用する児童は，修学に差し支えないことを証明する「学校長の証明書」及び「親権者又は後見人の同意書」を事業場に備え付けなければなりません。

○未成年者の労働契約

親権者または後見人が未成年者に代わって労働契約を締結することは禁止されています。「親権者」とは父母のことで，「後見人」とは親権者のいない未成年者を支援する法的な立場にある者のことです。未成年者の労働契約は，労働者本人が締結することになります。また，未成年者が締結した労働契約がその未成年者に不利であると認められる場合には，親権者，後見人または所轄労働基準監督署長は，将来に向かって労働契約を解除することができます。

○その他年少者を雇用するときの注意点

・時間外労働，休日労働の制限

　法定労働時間を超える時間外労働，休日労働をさせることはできません。

・深夜労働の制限

　原則として，年少者に深夜労働をさせることはできません。

・変形労働時間制の制限

　児童を除く年少者（満15歳以上で満18歳に満たない者）の労働時間は，原則として1日8時間，1週間40時間を超えることができませんが，例外として，次の①②の場合にのみ，変形労働時間制を適用させることができます。

116 第3章 採用・雇用契約書，退職時は，最低限これだけは押さえておく！

① 1週間のうち1日の労働時間を4時間以内に短縮すれば，他の日の労働時間を10時間まで延長することが可能。
② 1日8時間，1週48時間を超えない範囲で，1か月・1年単位の変形労働時間制の適用が可能。

・危険有害業務の制限，坑内労働の禁止

　重量物の取扱いの業務，足場の組立等の業務，感電の危険性が高い業務，特殊の遊興的接客業（バー，キャバレー，クラブなど）における業務，坑内における労働などの危険有害業務については，就業が制限または禁止されています。

③ 試用期間について

試用期間とは

　試用期間とは，採用した社員が会社できちんと働いていけるかどうか（適格性）を見極める期間です。試用期間を設けないこともできますが，多くの会社で試用期間を採用時に設けています。

試用期間の長さ

　試用期間の長さは，法律に明確な定めはないため，会社で独自に定めることが可能です。一般的には，3〜6か月で定める場合が多いといえます。1年以内の長さで定めていきます。社員の適性が，最初に定めた試用期間内で判断できない場合も想定されるため，試用期間を延長（短縮）できる規定を就業規則に定めておきます。試用期間を延長する場合は，最初の試用期間中に指導・注意をしてそれでも改善されなかった場合などの理由が必要です。

労働基準法上の試用期間（試の使用期間）

　採用日から起算して14日間が，労働基準法で定められている「試（こころ

み）の使用期間」です。この期間に解雇した場合は，解雇予告も解雇予告手当も必要ありません。ただし，自由に解雇ができるということではなく，客観的，合理的な理由を欠いた解雇は，解雇権の濫用となります。

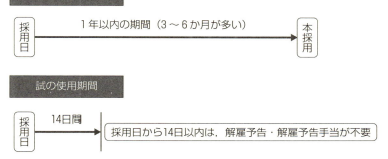

試用期間中の賃金

　試用期間中の賃金が本採用時の賃金を下回っていても問題ありません。ただし，就業規則，雇用契約書，求人掲載誌などで明確にされている必要があります。また，当然のことながら最低賃金額は上回っている必要があります。

試用期間中（期間の定めのない正社員の場合）の労働保険・社会保険

　本採用後に労働保険・社会保険に加入すれば，試用期間中に加入しなくても大丈夫だと勘違いするケースがたまにあります。試用期間中でも要件に該当する場合は，加入する義務があります。

```
＜労災保険＞
  試用期間中であっても，当然に給付の対象となります。
＜雇用保険＞
  試用期間中であっても，要件を満たせば，入社日から被保険者となります。
＜健康保険・厚生年金保険＞
  試用期間中であっても，要件を満たせば，入社日から被保険者となります。
```

≪試用期間　就業規則　規定例≫

第〇条（試用期間）
　　新たに採用された者は入社日より３か月の期間を定めて使用する。ただし，会社が必要と認めた場合は短縮，免除又は３か月を限度として延長することがある。
２　試用期間中，又は試用期間満了の際，次の一に該当する者は，第〇条（解雇予告）の手続きにより解雇する。ただし，試用採用後14日以内の者についてはこの手続きによらずに解雇する。
　　①　正当な事由なく第〇条各号に定められた書類を期日までに提出しないとき
　　②　本規則第〇章服務規律に外れた行動，及び第〇条から第〇条までの懲戒事由について，再三にわたって該当する者
　　③　採用時における提出書類，面接における申告等に違う者
３　試用期間が満了し，社員として適格と認められる者は本採用する。
４　本採用となった場合にのみ，試用期間は勤続年数に通算する。

④　障害者雇用

　国では，障害者が希望や能力などを十分に活かし活躍することが普通の社会，障害者とともに働くことが当たり前の社会を目指して，障害者雇用対策を進めています。

　障害者雇用促進法に基づき，一定規模の会社は法定の障害者雇用率以上の障害者を雇用することが義務づけられています。障害者法定雇用率は，段階的に引き上げられ，対象となる中小企業も今後増えていきます。

　令和６年４月からは，常用労働者が40.0人以上の会社は，2.5％の障害者雇用義務があります（40.0人以上で，少なくとも１人の障害者を雇用）。

	令和５年度	令和６年４月	令和８年７月
法定雇用率	2.3％	2.5％	2.7％
対象事業主の範囲	43.5人以上	40.0人以上	37.5人以上

※障害者の就業が一般的に困難であると認められる業種について，除外率に相当する労働者数を控除する制度（障害者の雇用義務を軽減）が設けられていますが，法改正により，除外率は徐々に引き下げられ，縮小・廃止していきます。

障害者の範囲

障害者雇用率制度上では，身体障害者手帳，療育手帳，精神障害者保健福祉手帳の所有者を実雇用率の算定対象としています（短時間労働者は原則0.5人でカウントします）。

雇用義務以外にも，次に定める義務があります。

① 毎年6月1日時点での障害者雇用状況のハローワークへの報告
② 「障害者雇用推進者」の選任（努力義務）

障害者雇用調整金と障害者雇用納付金

障害者雇用率を超えて障害者を多く雇用している場合は，障害者雇用調整金が支給されます。反対に，障害者雇用が進んでおらず，障害者雇用率が未達成の場合は，障害者雇用納付金を納めなければなりません。

＜障害者雇用調整金＞

常時雇用している労働者数が100人を超える事業主で障害者雇用率を超えて障害者を雇用している場合

雇用している障害者数に応じて1人につき月額2万9,000円支給

＜障害者雇用納付金＞

常時雇用している労働者数が100人を超える事業主で障害者雇用率を未達成の場合

法定雇用障害者数に不足する障害者数に応じて1人につき月額5万円の障害者雇用納付金を納付

雇用の分野での障害者への差別禁止

募集・採用，賃金，配置，昇進などの雇用に関する局面で，障害者であることを理由に障害者を排除すること，障害者に対してのみ不利な条件を設けることは禁止されています。例えば，車いすを使用していることを理由とした採用の拒否や，障害者であることを理由として昇給させないことはできません。

また，視覚障害がある方に対し，点字や音声などで採用試験を行うことや車いすに合わせて机の高さを調整するなどの合理的な配慮が必要となります。

①　雇用の分野での障害者差別の禁止	障害者であることを理由とした障害のない人との不当な差別的取扱いの禁止
②　雇用の分野での合理的配慮の提供義務	障害者に対する合理的配慮の提供を義務づけ（例：点字や音声などで採用試験を行う，車いすに合わせて机の高さを調節）
③　相談体制の整備・苦情処理，紛争解決の援助	・障害者からの相談に対応する体制の整備を義務づけ ・障害者からの苦情を自主的に解決することは努力義務

5　外国人労働者の雇用と活用

日本は現在少子高齢化による深刻な人手不足に悩まされています。その問題を解消するために，国が外国人労働者の積極的受け入れの方針を打ち出しました。平成31年4月から新たな在留資格「特定技能」が追加され，いわゆる単純労働である建設や飲食業などでの外国人労働者の受け入れが多くなっています。政府は令和7年頃までに，建設や農業をはじめとした5分野において，総計50万人の外国人労働者の受け入れを見込んでいます。

今後外国人労働者は増加の一途を辿ると想定されます。在留資格の内容と業務の内容が合致していなければ，不法就労となり，不法就労の外国人を雇用していると会社は罪に問われてしまいます。会社は，外国人労働者の労務管理のポイントを押さえることが急務です。

≪就労が認められている在留資格≫

就労が認められる在留資格（活動制限あり）	
在留資格	該当例
外交	外国政府の大使、公使等及びその家族
公用	外国政府等の公務に従事する者及びその家族
教授	大学教授等
芸術	作曲家、画家、作家等
宗教	外国の宗教団体から派遣される宣教師等
報道	外国の報道機関の記者、カメラマン等
高度専門職	ポイント制による高度人材
経営・管理	企業等の経営者、管理者等
法律・会計業務	弁護士、公認会計士等
医療	医師、歯科医師、看護師等
研究	政府関係機関や企業等の研究者等
教育	高等学校、中学校等の語学教師等
技術・人文知識・国際業務	機械工学等の技術者等、通訳、デザイナー、語学講師等
企業内転勤	外国の事務所からの転勤者
介護	介護福祉士
興行	俳優、歌手、プロスポーツ選手等
技能	外国料理の調理師、スポーツ指導者等
特定技能	特定産業分野（注1）の各業務従事者
技能実習	技能実習生

身分・地位に基づく在留資格（活動制限なし）	
在留資格	該当例
永住者	永住許可を受けた者
日本人の配偶者等	日本人の配偶者・実子・特別養子
永住者の配偶者等	永住者・特別永住者の配偶者、我が国で出生し引き続き在留している実子
定住者	日系3世、外国人配偶者の連れ子等

就労の可否は指定される活動によるもの	
在留資格	該当例
特定活動	外交官等の家事使用人、ワーキングホリデー等

就労が認められない在留資格（注2）	
在留資格	該当例
文化活動	日本文化の研究者等
短期滞在	観光客、会議参加者等
留学	大学、専門学校、日本語学校等の学生
研修	研修生
家族滞在	就労資格等で在留する外国人の配偶者、子

（注1）介護、ビルクリーニング、素形材・産業機械・電気電子情報関連製造業、建設、造船・舶用工業、自動車整備、航空、宿泊、農業、漁業、飲食料品製造業、外食業（令和4年4月26日閣議決定）

（注2）資格外活動許可を受けた場合は、一定の範囲内で就労が認められる。

（出典）出入国在留管理庁

　外国人の方を雇い入れるときに注意が必要である，出入国管理及び難民認定法（以下「入管法」）と労働関係法令のポイントを解説します。

入管法のポイント

　外国人の方は，在留資格の範囲において，日本での活動が認められています。現在，在就労が認められる在留資格は，コック等の「技能」，通訳等の「人文知識・国際業務」等が該当します。原則として就労が認められない在留資格は，「留学」「就学」「家族滞在」になります。しかし，地方入国管理局で資格外活動許可を受けることで，時間に制限はありますが，就労することが可能になります。「永住者」等の身分に基づく在留資格は，制限なく就労できます。外国人を雇い入れるときのポイントは，「在留カード」「旅券（パスポート）」「資格外活動許可書」「就労資格証明書」で，在留資格と在留期間をしっかりと確認するこ

とです。

入管法の罰則

不法就労外国人（不法就労者，在留資格に記載されている範囲を超えた就労や在留期間を過ぎてから就労を行った者）を雇用した場合は，3年以下の懲役または300万円以下の罰金または併科に処せられます。「在留カード」等をしっかりと確認したうえで，雇用することが大切です。

≪在留カードのチェック≫

① 求人応募時に，在留カードの提示を求める
      ↓
② 在留資格，在留期間などの条件をクリアしているか確認をする
      ↓
③ 在留カードをコピーして保管する

就労ビザの発行

就労ビザの新規取得，変更，在留期間の更新をする場合には，事業主も出入国在留管理局の審査を受けます。適正性，安定性，継続性の3要素で審査されます。審査に当たっては，法定調書合計表，雇用契約書等の提出が必要となります。詳細は手続きを行う申請取次行政書士などに確認をします。

雇用契約書の締結

雇用契約書は，就労ビザの申請手続きに必要なのはもちろんですが，外国人を雇用する際には必ず締結します。英文などで併記するとわかりやすい場合もあります。

労働関係法令のポイント

　外国人の方は，適法な就労か違法な就労かを問わず，原則として労働基準法，労働者災害補償保険法，労働安全衛生法，雇用保険法，最低賃金法等が適用されます。1週間の所定労働時間が20時間以上であり，かつ，31日以上引き続き雇用されることが見込まれている場合は，外国人労働者であっても雇用保険に加入しなくてはなりません。1週間の所定労働時間と1か月の所定労働日数がその会社の正社員の4分の3以上の外国人労働者は社会保険に加入しなければなりません。

※外国人労働者だからといって，労働・社会保険の未加入，賃金・労働条件等の差別はできません。

≪外国人の労働保険・社会保険の加入基準≫

> ① 労災保険：日本国内の労働であれば，不法就労であると否とを問わず適用されます（不法就労を助長するものではありません）。
> ② 雇用保険：就労可能な在留資格で就労し，外国公務員及び外国の失業補償制度の適用を受けている人を除き，国籍を問わず被保険者になります。
> ③ 健康保険：健康保険の適用事業所に常時使用される75歳未満の従業員は，国籍の如何にかかわらず，すべて加入が義務づけられています。
> ④ 厚生年金保険：厚生年金保険の適用事業所に常時使用される70歳未満の従業員は，国籍の如何にかかわらず，すべて加入が義務づけられています。

外国人雇用のルール

　平成19年10月1日から外国人労働者を雇い入れる際のルールができました。改正雇用対策法の可決・成立によるものです。これは，不法就労防止が前提となっていますが，外国人労働者が在留資格の範囲内で，その保有する能力を有効に発揮しながら適正に就労できるように整備されたものでもあります。

> ① 外国人労働者（特別永住者を除く）を雇用する場合，氏名，在留資格等のハローワークへの届出が義務化されました。
> ② 外国人労働者の雇用管理の改善等が事業主の努力義務となりました。

①については，外国人労働者（特別永住者を除く）の雇入れ・離職の際，その氏名，在留資格等を届け出ます。これに基づきハローワークでは，雇用環境の改善に向けて，事業主の方への助言・指導や離職した外国人の方への再就職支援を効果的に行っていきます。

②については，外国人の方々を単なる安い労働力として雇い入れるのではなく，企業の活性化・国際化を担う貴重な人材として育てることが期待されています。外国人労働者を常時10人以上雇用するときは，人事課長等を「雇用労務責任者」として選任する必要があります。

外国人雇用状況報告

事業主は，外国人（「外交」「公用」の在留資格及び特別永住者を除く）の雇入れまたは離職のときに，雇用保険の加入の有無にかかわらず，その外国人の氏名，在留資格，在留期間などの外国人雇用状況をハローワークに届け出る必要があります。

≪雇用保険の被保険者となる外国人≫

提出先	管轄のハローワーク
必要書類	雇用保険被保険者資格取得届，雇用保険被保険者資格喪失届 ※該当の欄に，国籍や在留資格などを記入
添付書類など	なし
提出をする人	事業主
期日	雇入れ日の翌月10日まで。離職日の翌日から10日以内

≪雇用保険の被保険者でない外国人≫

提出先	管轄のハローワーク
必要書類	（雇入れに係る・離職に係る）外国人雇用状況届出書
添付書類など	なし

提出をする人	事業主
期日	雇入れ日の翌月末日。離職日の翌月末日

≪確認書類≫

　在留カードや旅券（パスポート）で，①氏名，②在留資格，③在留期限，④生年月日，⑤性別，⑥国籍，⑦在留カード番号を確認し，記入します。

　在留資格が「特定技能」の場合には分野を，また「特定活動」の場合には活動類型を，通常，旅券に添付されている指定書で，それぞれ確認し，記入します。

　⑧「資格外活動許可の有無」は，在留カードや旅券（パスポート）の資格外活動許可証印または資格外活動許可書などで確認し，記入します。

≪POINT≫永住者と特別永住者の違い

①永住者：日本に永住できる在留資格であり，入管法に規定されています。外国人雇用状況の届出が必要です。

②特別永住者：日本に戦前から居住することになり，日本国との平和条約の発効により日本国籍を離脱し戦後も引き続いて居住している在日韓国人，朝鮮人，台湾人並びにその子孫について，入管特例法によりその在留などが規定されています。外国人雇用状況の届出は必要ありません。

---

⑥　高年齢者の雇用と活用

　人生100年時代を迎える中，働く意欲がある高年齢者が能力を十分に発揮できるよう，高年齢者が活躍できる環境を整備して活用していくことが，大企業だけではなく中小企業にとっても重要な考え方です。日本では，急速な少子高齢化が進行しています。平成27年（2015年）から令和22年（2040年）までの25年間においては，15〜59歳の者が約1,693万人減少するのに対し，60歳以上の高年齢者が約477万人増加することで，2.4人に1人が60歳以上の高年齢者となるものと見込まれています。

高年齢者雇用の視点は，①自社の高年齢者の活用，②新たな高年齢者の雇用の２つが考えられます。

自社の高年齢者の活用では，P.208で説明しているとおり，会社は65歳まで定年年齢の引上げ，希望者全員を対象とする65歳までの継続雇用制度の導入，定年の廃止のいずれかの措置を講じ，そのうえで活用を検討していく形になります。しかし，人件費増が懸念される中，中小企業では，どのように対応していくのが望ましいでしょうか。

社内資源などの有効活用

高年齢者の継続雇用，パートの社会保険加入拡大，契約社員の無期労働契約への転換など，直近の法改正を見据えると，総人件費は，増加していく傾向にあります。今から，会社の長期的なビジョンを見据えて，準備をしておく必要があります。

〇準備すべき事項

①　高齢者と若年者の働き方（ワークシェアリングや技能・技術伝承等）を現時点から考慮してチームとして動けるように準備をしていく必要があります。

②　労働生産性を上げることも必要です。労働生産性とは，社員が生み出す付加価値のことです。会社⇒部門⇒個人の生産性を上げることが重要です。そのためには，会社の強みを活かし，資源の選択と集中を図ったうえで，他社との差別化を行わなくてはなりません（生産性向上については，P.181参照）。

③　今後打ち出されるであろう，国の施策の利用や助成金の活用も検討しましょう。助成金は，なくなったり，新しく創設されたりするので，注意して見ておきます。

≪東京都内で製造業を営むＹ社の事例≫

<高年齢者を活用するＹ社>
　Ｙ社では，定年を迎えた高年齢者をフルタイム勤務，短時間勤務の２パターンで雇用しています。
　現在，高年齢者は12名在籍しています。そのうち６名は，会社との話合いにより，短時間勤務を選択しています。理由は，朝の通勤ラッシュの回避，孫との時間工面，余暇の時間工面等様々です。短時間勤務には，午前か午後を選択できる半日勤務，勤務時間を２～３時間程度短縮する勤務体系があります。労働時間や日数が減った分，賃金は従来の半分弱～６割程度になりましたが，みな生き生きと仕事をしています。
　元気に働いてくれる要因としては，以下のようなことが考えられます。
①　若年者とペアを組み，技術の伝承を行うことで，若者が日増しに技術を覚え，成長を見られること
②　パートタイムに移行するときに，会社側が，社員の身体・生活等のことも配慮して，使える制度面等も踏まえて，真摯に条件面で話をしてくれたこと

高年齢者戦力化のための会社における支援策

勤務時間，日数	・短時間勤務，隔日勤務，時差出勤，交替制勤務など，勤務時間を工夫する ・定期的な休憩の導入や夜勤の削減を行う
作業管理	・筋力，視力，聴力などの衰えを考慮して仕事を配分，調整する ・不自然な作業姿勢を解消するために，作業台の高さや作業対象物の配置を改善する ・暑さや寒さなど心身への負荷が大きい業務を長時間行わせないようにする ・保熱しやすい服装は避け，通気性の良い服装を準備する
健康管理	・健康診断を確実に実施する ・健康診断の結果について，医師，保健師等に相談できる環境を整備する ・日常的なかかわりの中で，高年齢者の健康に気を配る ・体調不良のときに休める場所を確保し，医療機関を受診できる体制を整える

厚生労働省「高年齢労働者の安全と健康確保のためのガイドライン」参照

128　第3章　採用・雇用契約書，退職時は，最低限これだけは押さえておく！

制度の活用

　　在職老齢年金や高年齢雇用継続給付などの制度も確認しておきます。

〇在職老齢年金

　　「在職老齢年金」とは，働きながら支給される厚生年金のことです。

　　在職老齢年金は，賃金（総報酬月額相当額）と年金額（基本月額）に応じて，減額される仕組みになっています。

※在職中であっても，賃金と年金の月額合計額が50万円（令和6年4月～）に達するまでは，全額年金が支給されます。

※老齢厚生年金は，会社（法人等）に勤めている限りは，70歳まで厚生年金に加入する必要があります。

≪計算式≫（令和6年4月現在）

支給停止額＝（基本月額＋総報酬月額相当額－50万円）×1／2

＊簡単に説明すると，ここでいう基本月額は年金（月額）のことであり，総報酬月額相当額は，月収（ボーナス込みの年収を12で割った額）のことをいいます。年金と月収の合計額が50万円を超えると，年金は減額されていきます。

　例：年金額が18万円で月収が35万円の場合，表に当てはめて計算すると（18万円＋35万円－50万円）÷2＝1万5,000円が支給停止になります。したがって，年金は16万5,000円受け取れる計算になります。

　　老齢厚生年金の支給開始年齢の生年月日による引上げに伴い，令和7年度からは，男性の支給開始は，全員65歳からとなります。60代前半で老齢厚生年金を受給できる対象者は限定されますが，女性の段階的な支給開始は当面継続することと，65歳以降の高年齢者雇用も増えている（令和4年「高年齢者雇用状況等報告」参照）ことから在職老齢年金の受給も一定の判断材料になります。

〇高年齢雇用継続給付

　　高年齢雇用継続給付（高年齢雇用継続基本給付金）とは，60歳まで働いてき

た人が，60歳以降に賃金が75％未満になってしまったときに雇用保険から給付金が支給されるというものです。

　給付金は，60歳から65歳未満において，毎月（2か月に1回，2か月分支給），賃金の最大15％が支給されます（令和7年4月以降は，最大給付率が15％から10％に引き下げられます）。ただし，在職老齢年金を受けている方が，高年齢雇用継続給付を受けられるときは，年金の一部が支給停止されます。

＜もらえる要件＞（令和6年8月現在）
　・被保険者であった期間が通算して5年以上あること
　・60歳時点に比べて，原則として75％未満の賃金で雇用されていること
　・60歳以上65歳未満の雇用保険の一般被保険者であること
　・賃金の額（各月）が，376,750円未満であること
＜計算例＞
　［給与35万円⇒20万円に見直した場合］
　給与は75％未満となるため，賃金の15％支給となる→20万円×15％＝3万円支給。

高年齢者への新たな条件の切り出し方は？

　今まで会社を支えてくれた高年齢者に新たな条件を提示するにしてもどう切り出していいのかわからないケースが少なくありません。この場合は，長年勤めてくれている方に礼を尽くし，真摯に話合いをする必要があります。ポイントは，3つあります。

［ポイント1］半年以上前に切り出す

　本人にもライフプランがありますし，会社にも資金計画が必要になります。直前に話すのは避け，できるだけ余裕を持って切り出すのが良いでしょう。

［ポイント2］データでしっかりと示し，真摯に説明をする

　再雇用後の給与データ等の条件を書面にして，目視しながら，説明していきます。

　給与額，社会保険の加入の有無，在職老齢年金・高年齢雇用継続給付の受給

130　第3章　採用・雇用契約書，退職時は，最低限これだけは押さえておく！

シミュレーション，賞与（ない場合，ある場合），退職金等を説明していきます。

［ポイント3］社員の生活状況等を考慮する

　該当者の生活状況（奥さんの状況，収入の状況，家の状況〈中小企業であれば長年勤めてくれている方の状況は，密に把握しているはず〉）と労働環境（会社の経営状況や人員構成・制度の状況を踏まえて）を考慮します。

7　雇用契約書

　労働基準法では，労働者を雇い入れるときに，「労働条件通知書」「雇入通知書」などの書面で労働条件を明示することを定めています。しかし，「雇用契約書」の締結までは定めていません。入社時に書面でしっかりと労働条件を定めて，雇用契約書を交わしておくことがトラブル回避のための第一歩となります。

≪労働条件をめぐるトラブルの例≫

・試用期間について聞かされていなかった
・賃金額が，口頭で言われた内容と違う
・賃金に前渡し（固定）の残業代が含まれているのを知らなかった
・配置転換があると聞かされていなかった
・雇用期間が有期（雇用期間に定めがある）だとは知らなかった

雇用契約書と労働条件通知書の違い

　一般的に，労働条件通知書は労働条件の内容について，会社が労働者に対して一方的に通知する形式となっていますが，雇用契約書は，会社と労働者の双方がそれぞれ署名・捺印してその権利義務を確認する形式となっています。雇用契約書に記載のない事項については，雇用契約書締結のときに就業規則を明示して運用するなどの方法があります。

雇用契約書などに明示しなければならない内容

労働基準法第15条第1項では,「使用者は,労働契約の締結に際し,労働者に対して賃金,労働時間その他の労働条件を明示しなければならない。」と規定されています。

雇用契約書などの書面には,賃金や労働時間,その他の労働条件を記載していきます。記載すべき内容は以下のとおりです。

≪絶対的明示事項≫

① 労働契約の期間に関する事項
② 期間の定めのある労働契約を更新する場合の基準に関する事項
③ 就業の場所,従事すべき業務に関する事項
④ 始業及び終業の時刻,所定労働時間を超える労働の有無,休憩時間,休日,休暇並びに,労働者を2組以上に分けて就業させる場合における就業時転換に関する事項
⑤ 賃金(退職手当,臨時的賃金除く)の決定,計算及び支払いの方法,賃金の締切り及び支払いの時期並びに昇給に関する事項
⑥ 退職に関する事項(解雇の事由含む)
※「昇給に関する事項」は,口頭でもかまいませんが,労働者が安心して働ける環境作りの側面から,書面での明示をお勧めします。
※パートタイマー,有期契約労働者には,「昇給の有無」「退職手当の有無」「賞与の有無」「雇用管理の改善等に関する事項に係る相談窓口」を書面で明示する必要があります。
※令和6年4月から,「就業場所・業務の変更の範囲」「有期労働契約の更新上限に関する事項」「無期転換に関する事項(無期転換申込機会,無期転換後の労働条件)」が追加になりました。次項にて,詳細を説明します。

≪相対的明示事項≫

① 退職手当の定めが適用される労働者の範囲,退職手当の決定,計算・支払いの方法,支払時期に関する事項
② 臨時に支払われる賃金,賞与などに関する事項
③ 労働者に負担させる食費,作業用品その他に関する事項
④ 安全・衛生に関する事項
⑤ 職業訓練に関する事項

132　第3章　採用・雇用契約書，退職時は，最低限これだけは押さえておく！

⑥　災害補償，業務外の傷病扶助に関する事項
⑦　表彰，制裁に関する事項
⑧　休職に関する事項

　労働条件の明示事項がすべて記載されている雇用契約書は，労働条件の明示義務を満たしているといえます。状況により「雇用契約書兼労働条件通知書」として運用する場合もあります。

労働条件明示ルール変更（令和6年4月～）

　「労働条件明示のルール」について，令和6年4月1日以降に契約締結・契約更新となる雇用契約から次の3項目が追加となりました。

①　就業場所・業務の変更の範囲

　主に配置転換や在籍型出向を命じた際の転換先や出向先での就業場所・業務を明示します。

≪明示の例≫

就業場所	（雇入れ直後）本社 （変更の範囲）会社の指定する場所

従事する業務	（雇入れ直後）営業 （変更の範囲）会社の定める業務

②　有期労働契約の更新上限に関する事項

　有期労働契約に通算契約期間または更新回数の上限がある場合，契約の締結と更新の際にその内容を書面で明示することが必要になります。

≪明示の例≫

［更新上限の有無］【 無 ・ 有 （更新3回まで／通算契約期間4年まで）】

③ 無期転換に関する事項（無期転換申込機会，無期転換後の労働条件）

　有期労働契約が5年を超えて更新された場合には，該当する契約の初日から満了までの間，無期転換を申し込むことができる旨を，書面で明示しなくてはなりません。また，初めて無期転換申込権が発生する有期労働契約が満了した後も，契約を更新する場合は，その都度無期転換申込権について書面で明示する必要があります。また，無期転換申込権が発生する契約更新のタイミングごとに無期転換後の労働条件を書面で明示する必要があります。

≪明示の例≫

【労働契約法に定める同一の企業との間での通算契約期間が5年を超える有期労働契約の締結の場合】

　本契約期間中に会社に対して期間の定めのない労働契約（無期労働契約）の締結の申込みをすることにより，本契約期間の末日の翌日（　年　月　日）から，無期労働契約での雇用に転換することができる。この場合の本契約からの労働条件の変更の有無（　無　・　有（別紙のとおり））

134　第3章　採用・雇用契約書，退職時は，最低限これだけは押さえておく！

≪雇用契約書　記載例≫

雇 用 契 約 書 （正 社 員）

株式会社○○を甲、（　　　　　）を乙として下記の労働条件で契約を締結します。

契 約 期 間	期間の定めなし（試用期間3か月）【入社日：　　　年　　月　　日】
就業の場所	（雇入れ直後）本社 （変更の範囲）その他会社が指定する場所
従事すべき 業務の内容	（雇入れ直後）経理・総務業務 （変更の範囲）会社の定める業務
始業・終業の時刻 休憩時間、 所定時間外労働の 有無に関する事項	1 始業・終業の時刻など (1)　始業　（△△時△△分）　　終業（□□時□□分） 　　休憩時間（　　　　　　　）分 (2)所定時間外労働、休日労働等の有無（有・無）
休 日	・定例日；毎週土、日曜日、国民の祝日　・その他（年末年始）
休 暇	1　年次有給休暇　　6ヶ月以上継続勤務し、全労働日の8割以上出 　　勤した場合、10日の年次有給休暇を取得する。 2　その他の休暇　（慶弔休暇など）
賃 金	1 基本給　（　　　　　　　　円）［試用期間中：（　　　　　　　）円］ 　その他　（　　　　　　　　円） 2 諸手当の額または計算方法 　イ（　　　手当　　　　　円／計算方法：　　　　　　　） 　ロ（　　　手当　　　　　円／計算方法：　　　　　　　） 3 所定時間外、休日または深夜労働に対して支払われる割増賃金率 　［　　就業規則による　　　］ 4 賃金締切日　毎月　　　日 5 賃金支払日　毎月　　　日（振込） 6 賃金支払時の控除 （所得税、住民税、健康保険料、厚生年金保険料、雇用保険料） 7 賃金見直し（昇給および降給）：［有/無］ 8 賞　　与：［有/無］ 9 退職金：［有/無］
退職に関する 事項	1 定年制：［有］・無（65歳） 2 自己都合退職の手続（退職希望日の30日以上前に届け出ること） 3 解雇の事由及び手続［就業規則による］
その他	・社会保険の加入状況（厚生年金、健康保険） ・雇用保険の適用：［有］・無　　　・その他［　　　　　　　　　］

上記以外の労働条件などは、当社就業規則によります。

　　　　　　　　　　　　　　　　　　　　　　　　　年　　　　月　　　　日

雇用者（甲）　　会社名
　　　　　　　　住所
　　　　　　　　職名
　　　　　　　　氏名　　　　　　　　　印

労働者（乙）　　住所
　　　　　　　　氏名　　　　　　　　　印

8 労働契約の仕組み

　労働契約（雇用契約）は，労働者が労働を提供し，会社がその対価として労働者に賃金を支払うことを合意した契約のことをいいます。これを双務契約といいます。

　労働契約を締結することによって，労働者は労務を提供する義務を負い，会社は賃金を支払うなどの義務を負うこととなり，お互いに権利も発生します。

　労働契約法第3条第4項では，「労働者及び使用者は，労働契約を遵守するとともに，信義に従い誠実に，権利を行使し，及び義務を履行しなければならない。」とし，お互いに信頼を裏切らないように誠実に義務を果たす必要があるとしています。民法の「信義誠実の原則」を労働契約に関して確認したものです。

≪労働契約の仕組み≫

労働者		会社
労働者の義務 ・職務専念義務 ・誠実労働義務 ・企業秩序維持義務 ・秘密保持義務 ・自己保健義務　など **労働者の権利** ・賃金請求権　など	労働の提供 → ← 賃金の支払い	**使用者の義務** ・賃金支払義務 ・安全配慮義務 ・職場環境配慮義務　など **使用者の権利** ・指揮命令権 ・業務命令権 ・人事権　など

労働契約における義務

- 職務専念義務……労働者には就業時間中職務に専念する義務があります。就業中に携帯を使ってゲームをすることはできません。
- 誠実労働義務……単に出勤すればいいというものではなく，会社の上司の指示に従い，同僚と協調していくためには，就業規則などの社内ルールを遵守して働く必要があります。
- 企業秩序維持義務……労働者には企業の秩序を維持する義務があります。就業規則の服務規律（就業中に飲酒をしない，暴力行為をしないなど）を遵守していきます。
- 自己保健義務……労働者が自分自身の健康管理に努め，安全に働けるように行動する義務です。定期健康診断は必ず受診しましょう。
- 安全配慮義務……会社が労働者の健康と安全に配慮する義務のことです。工事現場などで，足場が不安定な場所で作業する場合は，会社は労働者が足場から転落しないように，安全対策を講じる必要があります。
- 職場環境配慮義務……働きやすい良好な職場環境を維持する義務です。会社は，セクハラなどのハラスメント問題が起こらない環境を維持する必要があります。

⑨ 退職時の落とし穴，トラブル回避の具体策

　社員の退職時には，総務担当者や社長の頭を悩ませる問題が多く発生します。人材不足が慢性的に起こりやすい中小企業にとっては，退職時の対応は悩みの種の１つです。退職に伴う様々なトラブルを未然に防止するため，退職の種類には何があるのか，「退職届」と「退職願」の違い，その他対応策について整理していきます。

退職の種類

　期間の定めのない労働契約の場合，労働者はいつでも退職を申し出ることができます。これを自己都合退職といいます。会社の承認がなくても，民法の規定により退職の申出をした日から起算して原則として2週間を経過したときは，退職となります。月給制の場合は，月末に退職を希望するときは当月の前半に退職の申出をする必要があります。一般的には，2週間で退職するには業務の引き継ぎや後任者の手配など時間が足りなくなることが想定されますので，就業規則などで退職希望日の1か月前に申出の期限を設定する会社が多いようです。

　一方，労働者の死亡時，定年退職，有期労働契約期間満了時，休職期間満了時の退職などがあります。これを自然退職といいます。自然退職を有効にするために，就業規則にしっかりと明記しておきます。

≪退職事由　就業規則　記載例≫

第〇条（退職）
　社員が，次の各号の一に該当するときは退職とする。
① 退職を届け出たとき（本人以外の者の提出についても本人の意思が確認できる場合ならば同様に扱う。）
② 死亡したとき
③ 定年に達したとき
④ 取締役に就任したとき（兼務役員への就任を除く。）
⑤ 休職期間を満了し，復職しないとき
⑥ 期間の定めのある雇用の場合で，その期間が満了したとき
⑦ 行方不明となり，その期間が30日を経過したとき

退職届と退職願

　社員が退職をするときには，退職の意思表示を「退職届」か「退職願」で行います。「退職届」は，会社へ退職を一方的に申し出るものです。明確な退職の意思表示となるため，原則として撤回することができません。「退職願」は，

会社へ退職を願い出て，会社が承諾することで合意解約となります。会社は，退職願を承諾する場合は，「退職願受理承諾書」を発行し，本人に通知することで，「やはり退職を取り消します」といったトラブルを回避することができます。いずれの場合も，退職の際は必ず書面で提出してもらいます。

≪退職届と退職願の違い≫

種類	内容	撤回の可否
退職届	退職を一方的に申し出る強い意思表示で，会社が受け取った時点で退職となる。	原則として不可
退職願	退職を願い出て，会社が承諾すれば合意解約により退職となる。	可能

≪退職願受理承諾書例≫

令和○年○月○日

退職願受理承諾書

△△□□殿

株式会社×××
代表取締役■■■

記

令和○年○月○日，貴殿の退職願を受理いたしました。これをもって，令和○年△月□日付で退職することを承諾いたします。

・・・・・

以上

退職勧奨

退職勧奨とは，会社が社員に対して「辞めてほしい」「辞めてくれないか」などと，退職を勧めることをいいます。退職勧奨を社員が受け入れることで退職

が成立します。社員の意思とは関係なく会社が一方的に契約の解除を通告する解雇予告とは異なります。わかりやすく説明をすると，自己都合退職と解雇の中間的な取扱いです。

退職勧奨に応じるかは社員の意思に任されているため，無理に退職を強要することはできません。

社員側の 一方的な意思表示によるもの （自己都合退職など）	労使双方の合意によるもの （退職勧奨など）	会社側の 一方的な意思表示によるもの （解雇など）

○退職勧奨時の注意点

退職勧奨を行うこと自体は違法ではありませんが，拒否しているにもかかわらず退職勧奨を続けたり，多数回・長時間にわたり行うことは違法な退職勧奨とされることがありますので，注意が必要です。

① 明確に拒否している場合は，退職勧奨を続けないこと
② 多数回・長時間にわたる退職勧奨をしないこと
③ 多人数で退職勧奨をしないこと（多くても2人程度にする）
④ 差別的な発言や，勧奨に応じない場合には懲戒処分を行うなど相手の不利益になる
　発言はしないこと
⑤ 窓のない狭い部屋など監禁と間違われる場所で行わないこと

○退職勧奨の説明，退職者のメリット

退職勧奨を行う際は，可能な限り相手を尊重し，誠意をつくしながら丁寧に説明をします。退職勧奨による退職は，会社都合退職になり，雇用保険の特定受給資格者となります。受給までの期間が自己都合退職の場合より短くなり，早い受給が可能となります。また，退職金の上乗せや，退職功労金，年次有給休暇の買上げなど，退職勧奨に応じてもらいやすい優遇措置を提示するのも有効な手段となります。社員が退職を承諾したときは，退職合意書を作成します。

≪退職合意書例≫

退職合意書

　株式会社○○（以下甲という）と，△△（以下乙という）は，甲乙間の雇用契約の終了について，以下の通り円満に合意した。

１．甲が乙に対して提案した退職勧奨案を受諾し，令和6年××月××日付で，甲乙間の雇用契約を合意解約することを相互に確認する。

２．乙の最終出勤日を令和6年××月××日とする。

３．甲は乙に対し，乙の令和6年××月分給与を，給与支払日（令和6年××月××日限り）に，給与振込口座に振込送金する方法で支払う。

４．甲と乙は，本件ならびに本合意書の成立および内容を第三者に開示しないものとし，今後相互に誹謗中傷しないものとする。

５．甲と乙は，本合意書に定めるものの他に何らの債権債務のないことを相互に確認する。

６．本合意書は2通を作成し，甲・乙において各1通を各々保管する。

７．乙は，別途退職届，秘密保持誓約書を提出し，その内容を順守する。

令和6年××月××日

　　　　　　　　　　　甲　株式会社○○　代表取締役　□□　　　　　印
　　　　　　　　　　　乙　　　　　　　　△△　　　　　　　　　　　印

10 有期労働契約と雇止め　141

10　有期労働契約と雇止め

有期労働契約とは

　有期労働契約とは，半年や1年などの期間を定めて締結された労働契約のことをいいます。雇用契約書や労働条件通知書では，期間の定めのある労働契約として，「令和6年1月1日〜令和6年12月31日」などで期間を設定します。一方，契約期間の満了日が設定されていない労働契約は，期間の定めのない労働契約となります。

≪雇用契約書　有期労働契約の契約期間　記載例≫

	雇用契約書
	・・・・・
契約期間	・期間の定めなし
	◎期間の定めあり（令和6年1月1日〜令和6年12月31日）

有期労働契約の契約期間

　有期労働契約の契約期間は，原則として上限が3年となります。高度の専門的知識を持つ労働者は上限が5年となります。

≪有期労働契約の契約期間（上限）≫

原則	3年
高度の専門的な知識等を有する労働者 ※厚生労働大臣が定める基準に該当する者で，博士の学位取得者，医師， 　公認会計士等の士業，一定の学歴・実務経験・年収を有する者など	5年
満60歳以上の労働者	5年

雇止めとは

　雇止めとは，「有期労働契約」（雇用期間の定めのある労働契約）を締結している場合，その契約期間が満了する前に，「雇用契約を更新しないこと」を労働者に伝えることです。したがって有期労働契約を繰り返し行い，期間の定めのない契約と同じようになっている場合（例えば，有期労働契約が繰り返されたり，仕事の内容は正社員と変わりがない等），有期契約労働者の雇用関係継続への合理的な期待（例えば，「次も契約を更新するよ」という経営者の言動があった場合等）が認められるときに雇止めを行う際には慎重な判断が必要となります。

　次のいずれかに該当する有期労働契約を更新しない場合には，少なくとも契約の期間が満了する日の30日前までに，雇止めの予告をしなければなりません。

> ①　3回以上更新されている場合
> ②　1年以下の契約期間の有期労働契約が更新または反復更新され，最初に有期労働契約を締結してから継続して通算1年を超える場合
> ③　1年を超える契約期間の労働契約を締結している場合

　有期労働契約を繰り返し行うことで，実態は無期労働契約と変わらない場合があります。過去の裁判例を見ると，今後も引き続いて雇用されるような期待[※]が認められるようなときには，会社は雇止めはできないとされていました。これを「雇止めの法理」といいます。平成24年8月の法改正によって，この「雇止めの法理」が法律上明確にされましたので，雇止めには，慎重な対応が求められます。

※例えば，「次も契約を更新するよ」という経営者の言動があった場合など。

雇止めの理由の明示

　雇止めの予告後に，労働者に雇止めの理由について証明書を請求された場合は，遅滞なく交付しなければなりません。雇止めの後に労働者から請求された場合も，同様に証明書を交付します。

≪雇止めの理由の明示例≫

・前回の契約更新時に，本契約を更新しないことが合意されていたため
・契約締結当時から更新回数の上限を設けており，本契約はその上限に達したため
・業務遂行能力が十分でないと認められるため
・担当していた業務が終了・中止したため
・事業縮小のため
・勤務不良のため　など

11　解雇，懲戒について

　「業務命令を無視した」「能力が低い」「遅刻や無断欠勤が多い」などを理由に，社員を解雇する場合があります。しかし，裁判例では，労働者保護の観点から，問題社員であっても，安易な解雇を認めない例がほとんどのようです。

　「解雇は，客観的に合理的な理由を欠き，社会通念上相当であると認められない場合は，その権利を濫用したものとして，無効とする。」と労働契約法第16条に定められています。

　解雇事由を就業規則に定め，解雇を回避するための努力を会社が行っていたかが，解雇の有効性を判断するうえでの重要なポイントになります。

　会社としては，例えば勤務態度が著しく問題のある社員に対しては，改善の機会を与える目的で次のような対応をとる必要があります。

・注意や教育・指導を繰り返し行う。
・注意・教育・指導を行った日時とその内容を記録として残す。
・問題があったときは，再発防止策を含む 始末書（顛末書）を提出させる。
・配置転換の可能性を模索する。　など

　実際に，勤務態度に問題があった社員をやむなく解雇して訴訟となった他の事例では，会社が以上のような対応を繰り返して行ったにもかかわらず，その後，改善が見られなかったために，やむなく解雇したことが認められたケース

もあります。ただし，一般的には，社員の解雇が裁判で認められた例は少ないので，慎重な対応が望まれます。

解雇には，パターンがある

解雇には，様々な種類（パターン）があります。普通解雇，整理解雇（普通解雇の一種），懲戒解雇です。

「単に，態度が気に入らないから解雇する！」ということは，できません。

① 普通解雇……懲戒処分として実施するのではなく，傷病で業務に耐えられない場合や，欠勤・遅刻など雇用関係を継続しがたいやむを得ない問題がある場合に行う解雇です。

② 整理解雇……経営上の問題で，事業縮小する場合に行われます。単に経営不振というだけでは，整理解雇はできず，回避するための努力や対象者の人選基準，適正な手続きなど，普通解雇よりも慎重に行う必要があります。

＜整理解雇の4要件＞

・業務上の必要性があるか

・整理解雇を回避するための努力をしたか

・人選基準に合理性はあるか，その基準の適用に妥当性はあるか

・社員や労働組合と十分協議をしたか

③ 懲戒解雇……重大な会社秩序違反があったり，懲戒解雇事由に該当した場合に行う解雇です。懲戒処分の中で，最も重い処分です。

≪POINT≫解雇を行う前に，退職勧奨（P.138）というものもある

退職勧奨とは，会社が社員に対して自主的に退職をすることを勧めて，社員がそれに合意した場合に成立します。ただし，何度も退職を強要することはしてはいけません。

普通解雇の就業規則記載例

解雇をするには，就業規則に解雇に関する条文を記載する必要があります。

第○条（解　雇）

　会社は，社員が次の各号の一に該当するときは，解雇する。

①　職務遂行能力又は能率が著しく劣り，上達の見込みがないと認めたとき

②　身体又は精神の障害により，職務に耐えられないと認めたとき

③　事業の縮小，閉鎖等その他会社業務の都合により剰員を生じ，他に適当な配置箇所がないとき

④　本規則第○条第○項により試用採用を取り消されたとき

⑤　天災事変その他の事由により，事業の継続が不可能となったとき

⑥　その他，前各号に準ずる事情が生じ，社員として勤務させることが不適当と認めたとき

　労働基準法第20条（解雇の予告）により，30日前以上の予告や平均賃金の30日分以上の解雇予告手当の支給が義務づけられています。また，業務上の災害によって休業する期間及びその後の30日間と，女子の産前産後の休業期間及びその後の30日間は解雇が禁止されています。

懲戒について

○懲戒処分とは

　会社が社員に対して何らかのペナルティー・制裁を科すことがあります。秩序に違反した社員（正社員のみならず，パート，アルバイト，契約社員等も含みます）または対外的な信用を低下させた社員に対して，制裁罰として科す不利益措置のことを，一般的に懲戒処分と呼びます。懲戒処分と不利益措置は，以下のような種類があります。

懲戒処分	不利益措置	
懲戒解雇	労働契約自体の解消（最も重い処分） 退職金支給なし	重
諭旨解雇	懲戒解雇を緩和した処分 退職金の一部または全額支給	
出勤停止○日間	出勤停止・停止期間中の賃金のカット	
減給	賃金の一部カット	
譴責（けんせき）	始末書の提出	軽

就業規則を作成するときは，通常，懲戒処分の規定を設けます。これは，労働基準法が「制裁の定めをする場合においては，その種類及び程度」を含めて就業規則を作成することを義務づけているからです。

なお，就業規則を作成し社員に周知させておくことの効果として，説明してきた懲戒処分の実施，という効果もありますが，それだけではなくその間接的な効果として，

「残業は事前に上司の承認を得て行わなければならないこと」

「この会社独自のルールがあり，それに従うこと」

「会社は，自分達社員に対してどのような行動を求めているのか，評価しているのか」

「会社の服務規律に違反すると，懲戒処分を受けることがあること」

「懲戒処分にはどのような種類があるのか」

などの事項を社員に理解してもらいやすい，という効果があります。そしてそのことが，社内での無用なトラブルの予防になり，会社と社員との信頼関係の構築を図ることにもなります。

ただし，懲戒事由が定められていても，すべてが認められるというわけではなく，懲戒に係る社員の行為の性質及び態様その他の事情に照らして，権利濫用とされるものについては，無効になります（解雇同様，「客観的に合理的な理由を欠き，社会通念上相当であると認められない場合」は，無効となります）。

就業規則の作成義務がなく（＝社員が10人以上ではない）就業規則を作成していない事業所で，懲戒処分が許されるのか否かについては，企業秩序の維持は必要であり，社会一般常識上悪質で本人が責任を負うべきケース，刑法犯に該当するようなケースについては，認められるものと考えられます。

一方で悪質性の比較的低い事案や，事業所独自の社内ルールに違反した場合などについては，認められにくくなります（処分内容も，軽い処分しか認められにくくなります）。

11 解雇，懲戒について　　**147**

懲戒処分の適正な流れ

① 事実確認を行う

　問題行動を起こした社員や関係者に聴き取りなどを行って，事実の確認をします。

② 弁明の機会を設ける

　懲戒処分を行うときは，会社の一方的な判断のもとに行うとリスクを伴います。弁明の機会を設け，適正な手続きを行うことで，懲戒処分の合理性を高めることができます。弁明の機会とは，問題行動のあった社員に対し，何故そのようなことを行ったのか，理由や動機などを聞く機会を設けることです。

・懲戒委員会の開催

　懲戒処分の合理性を高めるために懲戒委員会を開催し，複数人で審議を行います。審議内容は，記録として保存しておきます。就業規則で懲戒委員会の開催が定められている場合は，必ず開催しなくてはなりません。就業規則に定めがない場合でも，任意で開催を行い，調査及び審議を行うことは可能です。

③ 本人への通知

　審議後決定した処分内容を，懲戒処分通知書などで，本人へ通知します。

第4章

働き方改革，感染症禍における働き方，ハラスメント防止などに注意！

① 働き方改革とは？　中小企業への導入スケジュール

働き方改革とは

　日本では，想定以上に少子高齢化が進み，労働力人口の減少が止まりません。育児や介護との両立など，働く方のニーズも多様化しています。女性，外国人，高齢者，障害者などが今まで以上に労働に参加しやすくなる社会を目指すための改革を「働き方改革」といいます。働き方改革は，平成31年4月から順次施行されています。

　働き方改革には，主に3つの課題があります。

①　長時間労働の抑制や年次有給休暇の取得促進等
②　正規・非正規間の処遇格差の是正
③　多様な人材の活躍促進（女性・高齢者など）

　長時間労働の抑制や年次有給休暇の取得促進などにより，労働者の健康保持を図るとともに，どのようなライフスタイルであっても，家事や育児を含め，普通に日常生活を送れ，希望する労働者が家族と触れ合い，絆を深めることができる時間を確保できるようにする目的があります。

　「時間外労働の上限規制」や「年次有給休暇の取得促進」など，労働関連法令の改正部分を，順次解説していきます。

≪働き方改革関連法改正≫

- ・時間外労働（残業）の上限規制
- ・月60時間超の時間外労働の割増賃金率アップ
- ・一定日数の年次有給休暇の確実な取得
- ・フレックスタイム制の見直し
- ・高度プロフェッショナル制度の創設
- ・同一労働・同一賃金：不合理な待遇差の解消（パートタイム・有期雇用労働法）　等

時間外労働（残業）の上限規制

　改正では，時間外労働の上限について，月45時間，年360時間を原則とし，臨時的な特別な事情がある場合でも年720時間，単月100時間未満（休日労働含む），複数月平均80時間（休日労働含む）を限度に設定することになりました。
※自動車運転業務，建設事業，医師等については，猶予期間を設けたうえで規制を適用する例外がありましたが，令和6年4月から上限規制が適用されています。
　自動車運転業務，医師（原則）の時間外労働上限は年960時間となります。
　週40時間を超えて労働可能となる時間外労働の限度を，原則として，月45時間，かつ，年360時間とし，違反には以下の特例の場合を除いて罰則が科されます。特例として，臨時的な特別の事情がある場合として，労使が合意して労使協定を結ぶ場合においても，上回ることができない時間外労働時間が年720時間（＝月平均60時間）となります。かつ，年720時間以内において，一時的に事務量が増加する場合について，最低限，上回ることのできない上限を設けることになります。この上限について，①2か月，3か月，4か月，5か月，6か月の平均で，いずれにおいても，休日労働を含んで，80時間以内を満たさなければなりません。②単月では，休日労働を含んで100時間未満を満たす必要があります。③加えて，時間外労働の限度の原則は，月45時間，かつ，年360時間であることに鑑み，これを上回る特例の適用は，年半分を上回らないよう，年6回が上限となります。
　他方，労使が上限値までの協定締結を回避する努力が求められる点で合意したことに鑑み，さらに可能な限り労働時間の延長を短くするため，新たに労働

基準法に指針を定める規定を設けることとし，行政官庁は，当該指針に関し，使用者及び労働組合等に対し，必要な助言・指導を行います。

　大企業は，平成31年4月から施行，中小企業は，令和2年4月から施行となりました。

上限規制	時間外労働の上限は，原則月45時間，年間では360時間
特例（今回の改正）	① 労使協定を結べば年720時間まで可能 ② 2〜6か月平均で80時間以内を遵守 ③ 繁忙期は月「100時間未満」とする

月60時間超の時間外労働の割増賃金率アップ

　従来，1週40時間，1日8時間といった法定時間を超える労働については，一律に25％以上の割増賃金の支払いが義務づけられていました。

　平成22年4月1日の改正（労働基準法第37条第1項ただし書）では，1か月について60時間を超えて時間外労働をさせた場合，その超えた時間の労働については，通常の労働時間の賃金の50％以上の率で計算した割増賃金を支払わなければならないこととなりました。当時，「中小事業主の事業については，当分の間，適用しない」とされていました。

　労働基準法改正で，中小企業においても，令和5年4月1日から，1か月について60時間を超えて時間外労働をさせた場合，その超えた時間の労働については，通常の労働時間の賃金の50％以上の率で計算した割増賃金を支払う必要があります。

月60時間超の時間外労働の割増賃金率

月の時間外 労働時間数	【平成22年4月〜】	【令和5年4月〜】
	50％ （法律）	50％ （法律）
60時間	25％を超える率 （努力義務）	
45時間	25％ （法律）	25％ （法律）
	大企業	中小企業

一定日数の年次有給休暇の確実な取得

≪労働基準法改正内容（年次有給休暇部分）≫

> 年次有給休暇の取得促進
> 使用者は，年10日以上の年次有給休暇が付与される労働者に対し，そのうちの5日について，毎年，時季を指定して与えなければならないこととする。ただし，労働者の時季指定や計画的付与により取得された年次有給休暇の日数分については時季の指定は要しないこととする。

○新しい制度

　平成31年4月から年次有給休暇の新しい制度が義務化されました。

　新しい制度では，年次有給休暇のうち，5日分について，社員の希望を踏まえて取得日をあらかじめ会社が指定します。5日間については，年次有給休暇を与えることが義務になります。例えば，「6月3日と7月5日について有給休暇を会社側が定めて与える」ことが想定されます。

　バラバラに時季を指定するよりも，7月8月等の夏の時期やゴールデンウィーク，年末年始などに合わせて時季を指定する形が現実的で，取得も促進されるでしょう。

　また，新しい年次有給休暇の取得方式については，就業規則に定める必要があります。

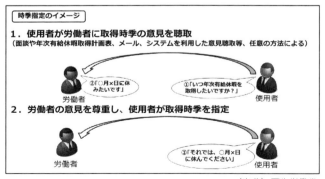

（出典）厚生労働省

同一労働・同一賃金

　同一労働・同一賃金は，正社員と非正規雇用者（パートタイマー・アルバイト，有期契約社員，派遣社員など）という雇用形態にかかわらない均等・均衡待遇を確保し，不合理な待遇差の解消を目指すルールのことです。中小企業では，正社員とパートタイマーの人が同じ仕事をしていることはよくあります。同じ仕事をしている場合，待遇差をなくさなくてはならないのか，待遇差があってもいいのか，判断に迷うところです。以下のルールを確認し，お互いに気持ちよく働いてもらうためにも，しっかりと確認・整備を進めていきましょう。

≪均等待遇と均衡待遇≫

・均等待遇 　正規雇用者と非正規雇用者で同じ働き方であれば，賃金などの待遇を同じにしなければならない。	・均衡待遇 　正規雇用者と非正規雇用者の職務内容などを考慮して，賃金などの待遇を合理的でバランスのとれたものとしなければならない（一定の待遇差を認める）。

　具体的には，賃金，教育訓練，福利厚生などの待遇について，①職務の内容（業務の内容と責任の程度），②職務の内容・配置の変更の範囲（人材活用の仕組みや運用など）の2つの判断要素を正社員と比較検討します。

　待遇差に不合理がある場合は，業務内容に差をつけたり，賃金を引き上げるなどの対応が必要となります。

①　職務の内容（業務の内容と責任の程度）

（業務の内容）

・職種が同じかどうか

　「厚生労働省編職業分類」の小分類を目安にします。

　（例：百貨店・スーパーマーケット販売店員，情報システム営業員，パン・
　　　焼菓子製造工，電気配線工事作業員など）

154　第4章　働き方改革，感染症禍における働き方，ハラスメント防止などに注意！

・従事する中核的業務が同じかどうか

　　職務に不可欠な業務，職務全体に占める時間的割合・頻度が高い業務など
を基準に判断します。

業務の比較例（衣料品販売店員）

正社員	接客，レジ，クレーム対応，発注・在庫管理
パートタイマー	接客，レジ，品出し，商品陳列，清掃

※□は中核的業務

（責任の程度）

・与えられている権限の範囲（その労働者が契約締結可能な金額の範囲，部下
の人数，決裁権限の範囲など）が同じかどうか
・業務の成果について求められる役割が同じかどうか
・トラブル発生時や臨時・緊急時に求められる対応の程度が同じかどうか

②　職務の内容・配置の変更の範囲（人材活用の仕組みや運用など）

・転勤があるかどうか（実際の転勤があったかだけではなく，将来にわたって
転勤の見込みがあるかどうか）
・転勤の範囲が同じかどうか（一方のみに全国転勤がある，転勤のエリアが異
なっているなど，違いはないか）
・職務の内容・配置の変更があるかどうか（配置換えや昇進に伴う異動に違い
があるか）
・職務の内容・配置の変更の範囲に違いはあるか（経験する部署の範囲や昇進
の範囲を比較）

　　均衡待遇の判断は，その他の事情（職務の成果・能力・経験，合理的な労
使の慣行，労使交渉の経緯，定年後の継続雇用，正社員登用制度の有無や実
績）も加味して個別に検討します。

≪事例（基本給）≫

> 職務の変更や転勤などがある正社員（総合職）が，管理職研修の一環として，スーパーの一店舗に配属された。そこでは，職務の変更や転勤などがないパートタイマーに指導を受けながら仕事をしていた。

⇒この事例では，管理職研修を受けている正社員（総合職）の方が基本給は高そうですが，能力や経験のみを考慮するのであれば，パートタイマーも賃金が高くなるように考えられます。職務内容の変更や責任の程度，転勤などがある総合職の正社員と職務内容の変更や転勤がないパートタイマーで，基本給に待遇差を設けても問題はありません。

説明義務

　短時間・有期雇用者から求めがあった場合には，その待遇差の内容や理由について説明することが義務となっています。具体的には，「待遇の決定基準に違いがあるかどうか」「それぞれの待遇の内容または待遇の決定基準」について説明をしていきます。次の資料を活用して，口頭で丁寧に説明していきましょう。

156 第4章 働き方改革，感染症禍における働き方，ハラスメント防止などに注意！

≪待遇差の説明　様式例≫

年　　月　　日

＿＿＿＿＿＿＿＿＿＿＿　殿

事業所名称・代表者職氏名

＿＿＿＿＿＿＿＿＿＿＿＿＿＿＿

あなたと正社員との待遇の違いの有無と内容、理由は以下のとおりです。
ご不明な点は「相談窓口」の担当者までお尋ねください。

1 比較対象となる正社員

> 営業職の正社員（おおむね勤続3年までの者）

比較対象となる正社員の選定理由

> 職務の内容が同一である正社員はいないが、同じ営業部門の業務を担当している正社員で、業務の内容が近い者は、おおむね勤続3年までの者であるため。

2 待遇の違いの有無とその理由、内容

正社員との待遇の違いの有無と、ある場合その内容　　（**ある**）　ない

基本給
> パートタイマーの時給は 1,100 円、比較対象となる正社員は、売上目標の達成状況に応じて 1,300 円～ 1,600 円（時給換算）です。

待遇の違いがある理由
> 正社員には月間の売上目標があり、会社の示したシフトで勤務しますが、パートタイマーは売上目標がなく、希望に沿ったシフトで勤務できるといった違いがあるため、正社員には重い責任を踏まえた支給額としています。

待遇の違いの有無とその理由、内容

正社員との待遇の違いの有無と、ある場合その内容　　（**ある**）　ない

賞与
> パートタイマーの賞与は夏季・冬季にそれぞれ 3 万円を支給。比較対象となる正社員は、売上目標の達成状況に応じて基本給の 1 ～ 4 か月分を支給しています。

待遇の違いがある理由
> パートタイマーの業務は定型業務であり、売上の目標も課していないことから、業務に関わりなく定額の支給としています。正社員は責任の重さを踏まえて、目標の達成状況に応じた支給額となっています。

待遇の違いの有無とその理由、内容

正社員との待遇の違いの有無と、ある場合その内容　　ある　（**ない**）

通勤手当
> 正社員、パートタイマーともに交通費実費の全額を支給しています。

待遇の違いがある理由
>

（出典）東京商工会議所「同一労働同一賃金まるわかりBOOK」

≪働き方改革関連法　中小企業　施行日　早見表≫

	中小企業	大企業
36協定改正（残業上限規制）（P.150）	令和2年4月～	平成31年4月～
月60時間超の時間外労働の割増賃金率（P.151）	令和5年4月～	平成22年4月～
年次有給休暇の取得促進（P.152）	平成31年4月～	平成31年4月～
フレックスタイム制の見直し（P.56）	平成31年4月～	平成31年4月～
高度プロフェッショナル制度※	平成31年4月～	平成31年4月～
勤務間インターバル制度（P.91）	平成31年4月～	平成31年4月～
同一労働同一賃金（P.153） 「短時間労働者及び有期雇用労働者の雇用管理の改善等に関する法律」	令和3年4月～	令和2年4月～

※高度プロフェッショナル制度とは，高度の専門的知識等（金融商品の開発，アナリスト，研究開発など）を有し，職務の範囲が明確で一定の年収要件（1,075万円以上）を満たす労働者を対象として，労使委員会の決議及び労働者本人の同意を前提として，年間104日以上の休日確保措置や健康管理時間の状況に応じた健康・福祉確保措置等を講ずることにより，労働基準法に定められた労働時間，休憩，休日及び深夜の割増賃金に関する規定を適用しない制度です。

② 新型コロナウイルス等の感染症禍における労務管理

　新型コロナウイルス感染症は，指定感染症から新型コロナウイルス等感染症（2類相当）になり，その後，令和5年5月8日以降は，5類感染症になりました。2類相当の場合は，行政の就業制限などがあり，感染に伴う社員の負担も軽減されていました。今後，同様の感染症が出現する可能性は0ではありません。今後のために，2類相当・5類感染症の休業の可否，休業手当，傷病手当金の取扱い，感染症禍における働き方を解説していきます。

休業の可否

○新型コロナウイルスが新型インフルエンザ等感染症（2類相当）と定められた場合

158 第4章 働き方改革，感染症禍における働き方，ハラスメント防止などに注意！

　新型コロナウイルスが2類相当と定められた場合は，社員が感染していることが確認されたら，行政は感染した社員に対して就業制限や入院勧告等を行うことができます。実際に入院勧告や就業制限が行われた場合は，会社はその社員を休業させます。感染時の療養期間は，原則7日間です。

○新型コロナウイルスが5類感染症と定められた場合

　5類感染症は，季節性インフルエンザと同じ扱いになります。政府からの行動制限はなくなり，個人や会社の判断に委ねることになります。目安として，発症後5日間かつ症状軽快後24時間です。

　会社の指示で休業を命じた場合は，休業手当の支払いが必要になります。

≪感染症法の主な分類≫

1類	エボラ出血熱，ペスト　など
2類	結核，SARS　など
3類	コレラ，細菌性赤痢，腸チフス　など
4類	狂犬病，黄熱，マラリア　など
5類	新型コロナウイルス感染症（令和6年2月現在），インフルエンザ，梅毒　など
新型インフルエンザ等感染症	新型インフルエンザ

休業手当

○休業手当とは

　会社の都合（使用者の責に帰すべき事由）により，社員を休ませた場合に，社員の生活を最低限保障するために支払う賃金です。平均賃金の6割以上支払う必要があります。

○新型コロナウイルスが新型インフルエンザ等感染症（2類相当）と定められた場合

　新型コロナウイルスが2類相当と定められた場合は，行政が罹患した社員に

対して就業制限や入院勧告等を行うことができます。したがって，新型コロナウイルスに罹患した社員が休業した場合は，「使用者（会社）の責に帰すべき事由による休業」に該当しないため，休業手当の支払いは必要ありません。新型コロナウイルスに罹患した疑いがある社員を会社の自主的な判断で休業させた場合は，一般的には「使用者の責に帰すべき事由による休業」に当てはまり，休業手当を支払う必要があると考えられますが，個別事案ごとに判断することになります。

○新型コロナウイルスが5類感染症と定められた場合

5類感染症は，季節性インフルエンザと同じ扱いになります。したがって，会社が休業を命じた場合は，休業手当の支払いは必要となります。

傷病手当金

5類感染症になる前は，傷病手当金支給申請書への医師の証明は，臨時的な取扱いとして，不要でした。（申請期間の初日が令和5年5月7日以前の申請の場合）

5類感染症になりインフルエンザと同じ扱いとなったため，医師の証明は必要となります。

新型インフルエンザ等感染症（2類相当）	5類感染症
医師の証明不要	医師の証明必要

感染症禍における働き方

感染症禍では，感染を避けるため，テレワーク，時差出勤制度，ワーケーションなどの勤務形態を採用する場合があります。Afterコロナにおいても，この働き方は多くの会社で定着してきました。それぞれのメリット，デメリットを検討し，自社に合った制度を取り入れると良いでしょう。

160　第4章　働き方改革，感染症禍における働き方，ハラスメント防止などに注意！

○テレワーク

　テレワークとは，インターネットなどの通信技術を活用して，出社をせずに自宅などで仕事をする勤務形態です。感染症禍では，在宅勤務が多いと考えられます。

① 在宅勤務：自宅 ② サテライトオフィス勤務：自宅近くのレンタルオフィスやコワーキングスペース ③ モバイルワーク：カフェや顧客先など	
メリット	・通勤時間がなくなるので，その分の時間を有効活用できる ・通勤に伴うストレスから解放される ・育児・介護の対応もしやすくなる ・通勤途中の感染リスクがなくなる
デメリット	・リアルで会うことができず，コミュニケーションで支障が出る場合がある ・情報漏えいに細心の注意を払う必要がある ・私生活と仕事の線引きが難しい

○時差出勤制度

　会社の始業時刻，終業時刻を変更する（ずらす）勤務形態です。混雑する通勤時間帯を避け，感染リスクを軽減することができます。

始業時刻9時〜終業時刻18時の会社の場合 パターン①：始業時刻7時〜終業時刻16時に変更 パターン②：始業時刻10時30分〜終業時刻19時30分に変更	
メリット	・通勤に伴う満員電車などのストレスから解放される ・通勤途中の感染リスクが少なくなる ・個人個人のスタイル（早起きタイプ，朝はゆっくりタイプ）に合わせることができる
デメリット	・社員で勤務時間が異なるので，コミュニケーションに弊害が出る場合がある。 ・労務管理が煩雑になる ・顧客の対応時間に合わない場合もある

○ワーケーション

キャンプ地や温泉地，観光地，ホテルなどで，休暇と組み合わせながら働く勤務形態です。

ワーク（仕事）とバケーション（休暇）を組み合わせた造語です。 ① 休暇型ワーケーション：旅行中に一部の日数や時間を仕事にあてる ② 合宿型ワーケーション：場所を変え，職場社員と別環境で議論を交わす	
メリット	・普段とは違った場所で仕事を行うことで，リフレッシュし，効率が高まる ・仕事と年次有給休暇を組み合わせながら働くことができる（年次有給休暇の取得促進） ・優秀な人材の確保・定着につながる
デメリット	・仕事と休暇の線引きが難しい ・情報漏えいに細心の注意を払う必要がある ・宿泊施設などのワーケーション費用がかかる

似たような形態で，ブレジャーがあります。ビジネスとレジャーを組み合わせた造語です。出張先で休暇を楽しむことで，出張休暇ともいいます。

仕事が終わった後で休暇を楽しむことができるため，高いモチベーションを維持することが可能です。

③ 副業・兼業について

社員の副業については法律上明確な禁止規定はありません。従来は一律禁止の会社も多かったようですが，以前のように給料が右肩上がりには上がらなくなった昨今，副業を認めるケースも増えているようです。

また，「職業選択の自由」が憲法で保障されているため，一律に禁止することはできないという考え方もあります。

社員個人の視点からは，雇用が不安定な中では，収入を得る先が複数になったほうが安心という側面もあります。また，すきま時間の働けるときにアルバイトを入れて働くといった働き方も増え，多様化しています。

162 第4章 働き方改革，感染症禍における働き方，ハラスメント防止などに注意！

　一方，副業に力を入れ過ぎて本業に支障が出ては本末転倒ですし，労働時間
の通算，労働・通勤災害への対応など考えておかなければならない点もいろい
ろとあります。

　過去の裁判例では，労働者が労働時間以外の時間をどのように利用するかは，
基本的には労働者の自由であり，会社が副業を禁止または制限することが許さ
れるのは，次の場合に限定されるとしています。

---

① 労務提供上の支障がある場合
② 企業秘密が漏えいする場合
③ 競業により自社の利益が害される場合
④ 自社の名誉や信用を損なう行為や信頼関係を破壊する行為がある場合

　身体・精神的に負荷がかかる仕事，深夜業は健康面から，賭博業や風俗業な
どは企業秩序違反として避けるべきでしょう。

副業の場合の労働時間

　A社（本業・契約先）で7時間，B社（副業・契約後）で3時間働いた場合，
労働時間は通算され，10時間となります。所定労働時間は，契約の先後の順に
通算します。

　この場合は，B社で2時間分の時間外労働に該当する割増賃金を支払う必要
があります。

　まず，労働基準法では，「1日8時間以内，1週間40時間以内」と労働時間
が定められています。8時間を超えた労働については，割増賃金の対象になり
ます。

　労働基準法第38条第1項において，「労働時間は，事業場を異にする場合に
おいても，労働時間に関する規定の適用については通算する。」と定められて
います。

　したがって，A社で7時間働いた後で，B社で3時間働いた場合は，労働時
間は通算され，10時間となり，8時間を超えた部分については，B社において，
割増賃金（2割5分以上の率で計算した額）の対象となるのです。

　B社においては，36協定の締結及び届出が必要になるため，注意が必要で

3 副業・兼業について　163

す。

　なお，所定外労働時間の通算は，実際に所定外労働が行われた順に通算します。

労災保険，雇用保険，社会保険

○労災保険

　労働者災害補償保険法（労災保険法）第3条第1項において，労働者を使用する事業は，適用事業とされていますので，当然に，本業においても副業先においても適用となります。労災保険は，両方の会社で加入します。

○雇用保険

　雇用保険については，本業と副業先両方で加入することはできません。同時に2以上の雇用関係にある労働者については，当該2以上の雇用関係のうち一の雇用関係（原則として，その者が生計を維持するに必要な主たる賃金を受ける雇用関係とする）についてのみ被保険者となります。したがって，本業で雇用保険に加入をするパターンが多いと想定されます。

○社会保険（健康保険・厚生年金保険）

　社会保険加入要件は，①1週間の所定労働時間が同一の事業所に使用される通常の労働者の1週間の所定労働時間の4分の3以上，②1か月間の所定労働日数が同一の事業所に使用される通常の労働者の1週間の所定労働時間の4分の3以上，上記①と②の両方を満たす場合とされています。

　前述の4分の3要件を満たさない場合でも，次の①から⑤までの要件を満たす場合，健康保険，厚生年金保険の被保険者となります。

　①週の所定労働時間が20時間以上であること，②雇用期間が2か月を超えることが見込まれること，③賃金の月額が8.8万円以上であること，④学生でないこと，⑤被保険者の総数が常時100人を超える適用事業所（特定適用事業所）に使用されていること。

　⑤については，令和6年10月からは50人超に対象が拡大されていきます。

・通勤災害

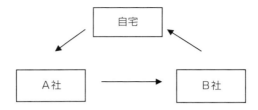

　自宅→A社への通勤途中の事故は，A社の通勤災害として扱われます。

　A社での労働災害は，A社の労働災害として取り扱われます。

　A社退社→B社（副業先）出社の途中の事故の場合は，B社の通勤災害として扱われます。

　労災保険法が平成18年に改正され，二重就業先への移動途中の災害も通勤災害の補償対象になりました。

　また，B社にて起こった労働災害についても，当然ながらB社での労働災害として取り扱われます。

　B社から自宅へ帰宅途中の事故は，B社の通勤災害となります。

・給付基礎日額の考え方

　令和2年9月に労災保険法の改正があり，複数の会社で働いている場合，各就業先で支払われている賃金額を合算した額を基礎として，保険給付に用いる給付基礎日額が決定することになりました。

≪就業規則例≫

（社員の副業）
＜許可制の場合＞
第○条　社員が就業時間外に副業（他社勤務，請負，自営業等）を行う場合は，事前に会社に届け出て，許可を得なければならない。無許可の副業はこれを禁止する。

（副業先について）
第○条　同業他社及び賭博業・風俗業等，当社社員として相応しくない副業先における副業はこれを禁止する。

（副業許可申請書兼誓約書）
第○条　社員が就業時間外に副業を行う場合は，副業を行う1か月前までに，副業許可
　　申請書兼誓約書，その他会社の指定する必要書類を会社に提出し，許可を受けなけれ
　　ばならない。

（副業の許可）
第○条　社員が提出した副業許可申請書兼誓約書を勘案し，副業の可否を判断する。副
　　業により会社の業務に支障をきたした場合は，副業を終了しなければならない。
　　次の各号のいずれかに該当する場合には，副業を禁止または制限することができる。
　　①　労務提供上の支障がある場合
　　②　企業秘密が漏えいする場合
　　③　競業により自社の利益が害される場合
　　④　自社の名誉や信用を損なう行為や信頼関係を破壊する行為がある場合

（無断の副業による懲戒）
第○条　社員が会社の許可を受けずに副業をしていることが発覚した場合は，第○条第
　　△項第□号に定める懲戒に処す。

【服務規律】
第○条　社員は職場の秩序を保持し，業務の正常な運営をはかるため，次の各号の事項
　　を守らなければならない。
　　……
□．常に健康を維持できるよう，体の自己管理に気を配ること。特に副業（他社勤務，
　　請負，自営業等）を許可された者は，健康管理に注意すること。
□．会社の許可なく副業（他社勤務，請負，自営業等）をしないこと。
　　……

【懲戒規定】
第○条　社員が次の各号の一に該当するときは，訓戒，減給，出勤停止，降格に処する。
　　ただし，情状により訓戒にとどめることがある。
　　……
□．会社の許可を受けず副業をしたとき
　　……

166　第4章　働き方改革，感染症禍における働き方，ハラスメント防止などに注意！

≪副業許可申請書兼誓約書≫

副業許可申請書　兼　誓約書

株式会社 ○○
代表取締役 ○○ 殿

令和　　年　　月　　日

氏名　　△△　　　　㊞

△△は、副業を申請致します。副業により、本業に支障なく勤務することを誓約致します。

副業先情報	内容
会社名	
所在地	
電話番号	
勤務日数	曜日（　　　　）、週（　　）日、1ヵ月（　　　）日程度
勤務時間	時　分　～　時　分
勤務期間	年　　月　　日～　年　　月　　日
業務内容（具体的に）	
雇用形態	□パートタイマー　□アルバイト　□請負　□役員　□その他
副業申請理由	
その他報告事項	

誓約事項

私は、副業にあたって以下を遵守することを誓います。
1. 常に健康を維持できるよう、体の自己管理に気を配ります。副業により健康に異常が見られ、会社の業務に支障をきたした場合は、副業を終了致します。
2. 申請内容に変更があった場合には、その都度再申請をします。
3. 同業や競合他社へ機密漏えいを致しません。
4. 賭博業や風俗業への就業は致しません。
5. 会社の勤務時間中に、副業は一切致しません。

4　ハラスメントの定義と種類

ハラスメントの定義

　ハラスメントは，『広辞苑』では，「人を悩ますこと。優越した地位や立場を利用した嫌がらせ」としています。要は，相手を精神的・身体的に傷つけ，人格を否定し，尊厳を失わせるなどの嫌がらせやいじめをすることを指します。

　代表的なハラスメントとして，パワーハラスメントが挙げられます。

　法律（労働施策総合推進法第30の2）及び「指針」※では，職場におけるパワーハラスメントを下記のとおり定義しています。

　①優越的な関係を背景とした言動であって，②業務上必要かつ相当な範囲を超えたものにより，③労働者の就業環境が害されるものであり，①～③までの要素をすべて満たすもの。

　客観的に見て，業務上必要かつ相当な範囲で行われる適正な業務指示や指導は，職場におけるパワーハラスメントには該当しません。

※「指針」：事業主が職場における優越的な関係を背景とした言動に起因する問題に
　　関して雇用管理上講ずべき措置等についての指針。

ハラスメントの種類

　ハラスメントの種類は，現在，非常に多岐にわたっています。聞いたことのあるハラスメントから初めて聞くものまで40種類以上あるとされています。

---

①　パワーハラスメント（パワハラ）
　　地位や権力などを利用して行われるハラスメント
②　セクシュアルハラスメント（セクハラ）
　　相手の意思に反する性的な言動で，相手を不快にさせ，労働条件に不利益を受けるハラスメント
③　マタニティハラスメント（マタハラ）
　　女性の妊娠・出産・産前産後休業・育児休業等に関するハラスメント
④　パタニティハラスメント（パタハラ）

男性の育児休業等に関するハラスメント
⑤　ケアハラスメント（ケアハラ）
　介護休業を取得する人に対するハラスメント
⑥　カスタマーハラスメント（カスハラ）
　顧客からのハラスメント（長時間のクレーム電話，対面での執拗な嫌がらせ行為）
⑦　モラルハラスメント（モラハラ）
　モラル（道徳・倫理）に反したハラスメント。言葉や身振りなどで相手を精神的に追いつめる嫌がらせ
⑧　アルコールハラスメント（アルハラ）
　アルコールが苦手な人や飲めない人にアルコールを飲むように強制するハラスメント
⑨　アカデミックハラスメント（アカハラ）
　指導教員が教員という権力を用いて，不適切・不当な言動を行い，学生や教員に対して行う教育・研究上のハラスメント
など

ハラスメントに関わる法律

　ハラスメントに関わる法律には，以下のものがあります。

パワーハラスメント（パワハラ）	労働施策総合推進法
セクシュアルハラスメント（セクハラ）	男女雇用機会均等法
マタニティハラスメント（マタハラ）	男女雇用機会均等法，育児介護休業法

　ハラスメントに関する法律の条文には，ハラスメントの具体的内容は記載されておらず，詳細は，指針に記載されています。
　いずれの法律も，「配慮義務」から「措置義務」へと強化されました。

配慮義務：雇用管理上必要な配慮をしなければならない
　　　　　↓
措置義務：労働者からの相談に応じ，適切に対応するために必要な体制の整備その他の雇用
　　　　　管理上必要な措置を講じなければならない

事業主が雇用管理上講ずべき措置

職場におけるパワハラやセクハラ，妊娠・出産・育児休業等に関するハラスメントを防止するために，事業主が雇用管理上講ずべき措置が，指針に定められています。

事業主は，これらの措置を講じる必要があります。

①	事業主の方針の明確化及びその周知・啓発
②	相談（苦情を含む）に応じ，適切に対応するために必要な体制の整備
③	職場におけるハラスメントへの事後の迅速かつ適切な対応
④	併せて講ずべき措置（プライバシー保護，不利益取扱いの禁止等）

ハラスメント防止が義務となったわけ

平成元年に日本で初めて，職場におけるセクハラに対しての損害賠償を求める裁判が行われ，世間から注目を浴びました。その年のユーキャン新語・流行語大賞では，「セクハラ」が新語部門金賞を受賞し，ハラスメントという言葉が注目されることになりました。

その後，平成9年に男女雇用機会均等法が改正され，セクハラの防止等への「配慮義務」が制定されました。ハラスメント対策の第一歩ともいえます。

厚生労働省が発表している「個別労働紛争解決制度の施行状況」では，民事上の個別労働紛争（いじめ・嫌がらせ，自己都合退職，解雇，労働条件の引き下げなど）の件数がグラフ化されています。平成24年度には，一番件数が多かった「解雇」と「いじめ・嫌がらせ」の首位が入れ替わっています。

令和4年度では，民事上の個別労働紛争における相談，助言・指導の申出，あっせんの申請の全項目で，「いじめ・嫌がらせ」の件数が引き続き最多となっています。

≪民事上の個別労働紛争　主な相談内容別の件数推移（10年間）≫

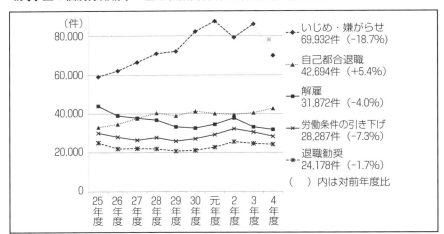

※令和4年4月の改正労働施策総合推進法の全面施行に伴い、これまで「いじめ・嫌がらせ」に含まれていた同法上のパワーハラスメントに関する相談はすべて別途集計することとなったため、令和3年度以前と令和4年度以降では集計対象に大きな差異があります。

（出典）厚生労働省

5　令和2年6月施行のパワハラ防止法とは

　労働施策総合推進法が改正されて、令和2年6月から職場のパワーハラスメント（以下、パワハラ）防止対策が強化されました。中小企業は令和4年4月から適用となっています。

　職場のパワハラとは、職場において行われる、①優越的な関係を背景とした言動であって、②業務上必要かつ相当な範囲を超えたものにより、③労働者の就業環境が害されるものであり、①～③までの要素をすべて満たすものをいいます（労働施策総合推進法第30の2）。

　図表1に示されている6つの代表的な類型と該当すると考えられる例を参考に、対応していきます。

5 令和2年6月施行のパワハラ防止法とは 171

≪図表1 パワハラの類型と具体的な言動の例≫

類型	該当すると考えられる例
身体的な攻撃	相手に物を投げつける。殴打，足蹴りを行う。
精神的な攻撃	人格を否定するような発言をする。
人間関係からの切り離し	自身の意に沿わない社員に対して，仕事を外し，長時間別室に隔離したり，自宅研修をさせたりする。同僚が集団で無視をする。
過大な要求	長期間にわたる，肉体的苦痛を伴う過酷な環境下での勤務に直接関係のない作業を命ずる。
過小な要求	管理職である部下を退職させるため，誰でも遂行可能な業務を行わせる。嫌がらせのために仕事を与えない。
個の侵害	集団で同僚1人に対して，職場内外で継続的に監視したり，私物の写真撮影をしたりする。

≪図表2 基本的なパワハラ対策として取り組むべき項目≫

予防するためには
① トップのメッセージ
→組織のトップが，職場のパワーハラスメントは職場からなくすべきであることを明確に示す。
② ルールを決める
→就業規則に関係規定を設ける。労使協定を締結する。
→予防・解決についての方針やガイドラインを作成する。
③ 実態を把握する
→社員アンケートを実施する。
④ 教育する
→研修を実施する。
⑤ 周知する
→組織の方針や取り組みについて周知・啓発を実施する。

解決するためには
⑥ 相談や解決の場を設置する
→企業内・外に相談窓口を設置する。職場の対応責任者を決める。
→外部専門家と連携する。
⑦ 再発防止のための取り組み
→行為者に対する再発防止研修等を行う。

パワハラの防止対策は？

パワハラの防止対策では「予防」と「発生後の解決」という2つの側面から，図表2に示す7項目の対策を実施することが必要です。自社では①～⑦のどこまで実施されているか，これから整備すべきことは何かをチェックして，実施計画を立てる必要があります。

事業主には，自らが雇用する労働者以外の者に対するパワハラや，他の事業主等の雇用する労働者からのパワハラ，顧客等からの著しい迷惑行為に対しても必要な対応をすることが期待されています。自社の社員と，関連する業者の社員，家族などとのかかわりの中におけるパワハラ防止についても目を配っていくと良いでしょう。

コミュニケーションスキル（アサーション）について

後輩や部下を注意・指導するとき，熱心になりすぎて，つい強い口調になる場合が少なくありません。相手の意見を尊重しながら自分の考えや気持ちをきちんと伝えることをアサーティブ・コミュニケーション（以下，アサーション）といいます。業務上の指導をしたり意見を言ったりするときは，アサーションを使うと効果があります。

"あなた"を主語にした「あなたメッセージ」ではなく，"私"を主語にした「私メッセージ」で伝えると良いでしょう。

"あなた"を主語にした「あなたメッセージ」は，相手を否定したり人格を非難してしまいがちです。「（あなたは）なぜそんなやり方をしたの！」ではなく，「（私は）このやり方でやってもらいたいと思っています。」と，"私"を主語にした「私メッセージ」で自分の考えや気持ちを素直に丁寧に伝えます。

この方法は，率直で円滑なコミュニケーションを促し，ハラスメントが起きにくい職場環境づくりに役立ちます。

中小企業が講ずべき4つの措置

　中小企業が講ずべき措置は，下記の4つです。事業主は，職場におけるパワハラを防止するために，以下の措置を必ず講じなければなりません。

① 事業主の方針等の明確化及び周知・啓発
・職場におけるパフハラの内容・パワハラを行ってはならない旨の方針を明確化し，労働者に周知・啓発すること
・行為者について，厳正に対処する旨の方針・対処の内容を就業規則等の文書に規定し，労働者に周知・啓発すること

② 相談に応じ，適切に対応するための必要な体制の整備
・相談窓口をあらかじめ定め，労働者に周知すること
・相談窓口担当者が，相談内容や状況に応じ，適切に対応できるようにすること

③ 職場におけるパワハラに関する事後の迅速かつ適切な対応
・事実関係を迅速かつ正確に確認すること
・速やかに被害者に対する配慮のための措置を適正に行うこと
・事実関係の確認後，行為者に対する措置を適正に行うこと
・再発防止に向けた措置を講ずること（事実確認ができなかった場合も含む）

④ 併せて講ずべき措置
・相談者・行為者等のプライバシーを保護するために必要な措置を講じ，その旨労働者に周知すること
・相談したこと等を理由として，解雇その他不利益な取扱いをされない旨を定め，労働者に周知・啓発すること
※労働者が事業主に相談したこと等を理由として，事業主が解雇その他の不利益な取り扱いを行うことは，労働施策総合推進法において禁止されています。

6 セクシュアルハラスメント，マタニティハラスメント等

セクシュアルハラスメントとは

　セクシュアルハラスメント（以下，セクハラ）は，相手を不快にさせる「性的な言動」のことをいいます。

　職場におけるセクハラは，職場で行われる，労働者の意に反する「性的な言動」に対する労働者の対応により，その労働者が労働条件について不利益を受けたり，「性的な言動」により就業環境が害されることをいいます。

職場におけるセクハラの種類

① 対価型セクハラ

　労働者の意に反する性的な言動に対する労働者の対応により，その労働者が解雇，降格，減給，昇進・昇格の対象からの除外，労働契約の更新拒否，客観的に見て不利益な配置転換などの不利益を受けることです。

≪典型例≫

> ・会社内において事業主が労働者に対して性的な関係を要求したが，拒否されたため，その労働者を解雇すること
> ・出張中の車中において上司が労働者の腰，胸などに触ったが，抵抗されたため，その労働者について不利益な配置転換をすること
> ・営業所内において事業主が日頃から労働者に係る性的な事柄について公然と発言していたが，抗議されたため，その労働者を降格すること

② 環境型セクハラ

　労働者の意に反する性的な言動により労働者の就業環境が不快なものとなったため，能力の発揮に重大な悪影響が生じるなど，その労働者が就業する上で看過できない程度の支障が生じることです。

⑥ セクシュアルハラスメント，マタニティハラスメント等 **175**

≪典型例≫

> ・会社内において上司が労働者の腰，胸などに度々触ったため，その労働者が苦痛に感じてその就業意欲が低下していること
> ・同僚が取引先において労働者に係る性的な内容の情報を意図的かつ継続的に流布したため，その労働者が苦痛に感じて仕事が手につかないこと
> ・労働者が抗議をしているにもかかわらず，同僚が業務に使用するパソコンでアダルトサイトを閲覧しているため，それを見た労働者が苦痛に感じて業務に専念できないこと

セクハラの判断基準

　セクハラの状況は多様であり，判断に当たり個別の状況を考慮する必要があります。また，「労働者の意に反する性的な言動」及び「就業環境を害されること」の判断に当たっては，労働者の主観を重視しつつも，一定の客観性が必要です。一般的には意に反する身体的接触によって強い精神的苦痛を被る場合には，１回でも就業環境を害することとなり得ます。継続性，または繰り返しが要件となるものであっても，「明確に抗議しているにもかかわらず放置された状態」または「心身に重大な影響を受けていることが明らかな場合」には，就業環境が害されていると判断できます。また，男女の認識の違いにより生じている面があることを考慮すると，被害を受けた労働者が女性である場合には「平均的な女性労働者の感じ方」を基準とし，被害を受けた労働者が男性である場合には「平均的な男性労働者の感じ方」を基準とすることが適当です。

マタニティハラスメントとは

　マタニティハラスメント（以下，マタハラ）とは，職場において行われる上司や同僚からの言動（妊娠・出産したこと，育児休業等の利用に関する言動）により，妊娠・出産した女性労働者や育児休業等を申出・取得した男女労働者などの就業環境が害されることをいいます。

職場におけるマタハラの種類

① 状態への嫌がらせ型

女性労働者が妊娠・出産などをしたことにより，上司がその女性労働者に対し，解雇その他の不利益な取扱いを示唆したり，上司・同僚がその女性労働者に対し，繰り返しまたは継続的に嫌がらせ等をすることです。

状態の例	典型的な例
・妊娠したこと ・出産したこと ・業務に従事できなかったこと ・産後休業したこと ・労働能率が下がったこと	・上司に妊娠を報告したところ，「他の人を雇うので早めに辞めてもらうしかない」といわれた。 ・上司から「妊婦はいつ休むかわからないから，仕事は任せられない」と繰り返しいい，雑用ばかりさせられている。

② 制度等の利用への嫌がらせ型

制度等の利用の請求等をしたい旨を上司に相談したことや制度等の利用の請求等をしたこと，制度等の利用をしたことにより，上司がその労働者に対し，解雇その他不利益な取扱いを示唆することや，制度等の利用の請求等又は制度等の利用を阻害するものです。

制度の例	典型的な例
・産前休業 ・軽易な業務への転換 ・育児休業 ・子の看護休暇 ・時間外労働の制限　　　など	・産前休業の取得を上司に相談したところ，「休みをとるなら退職してもらう」といわれた。 ・時間外労働の免除について上司に相談したところ，「次の査定のときは昇進しないと思え」といわれた。

⑥ セクシュアルハラスメント，マタニティハラスメント等　177

☞ ≪POINT≫ハラスメントには該当しない言動

　業務上の必要性に基づく言動は，ハラスメントには該当せず，妊婦への正当な配慮となります。

例）

・妊娠した労働者に対し…

「妊婦には負担が大きいだろうから，もう少し楽な業務にかわってはどうか」と配慮する。

「つわりで体調が悪そうだが，少し休んだ方が良いのではないか」と配慮する。

事業主が講ずべきセクハラ防止措置

　職場におけるセクハラ及びマタハラを防止するために，事業主が雇用管理上講ずべき措置として，次の項目が厚生労働省の指針により定められています（セクハラ10項目，マタハラ11項目）。

指針に定められている事業主が講ずべき措置のポイント

妊娠・出産・育児休業等に関するハラスメントを防止するために講ずべき事項	セクシュアルハラスメントを防止するために講ずべき事項
● 事業主の方針の明確化及びその周知・啓発	
1　・妊娠・出産・育児休業等に関するハラスメントの内容　・妊娠・出産等，育児休業等に関する否定的な言動が職場における妊娠・出産・育児休業等に関するハラスメントの発生の原因や背景となり得ること　・妊娠・出産・育児休業等に関するハラスメントがあってはならない旨の方針　・制度等の利用ができることを明確化し，管理・監督者を含む労働者に周知・啓発すること。	・セクシュアルハラスメントの内容　・セクシュアルハラスメントがあってはならない旨の方針を明確化し，管理・監督者を含む労働者に周知・啓発すること。
2　妊娠・出産・育児休業等に関するハラスメントに係る言動を行った者については，厳正に対処する旨の方針・対処の内容を就業規則等の文書に規定し，管理・監督者を含む労働者に周知・啓発すること。	セクシュアルハラスメントの行為者については，厳正に対処する旨の方針・対処の内容を就業規則等の文書に規定し，管理・監督者を含む労働者に周知・啓発すること。
● 相談（苦情を含む）に応じ，適切に対応するために必要な体制の整備	
3　相談窓口をあらかじめ定めること。	相談窓口をあらかじめ定めること。
4　相談窓口担当者が，内容や状況に応じ適切に対応できるようにすること。妊娠・出産・育児休業等に関するハラスメントが現実に生じている場合だけでなく，その発生のおそれがある場合や，妊娠・出産・育児休業等に関するハラスメントに該当するか否か微妙な場合であっても広く相談に対応すること。	相談窓口担当者が，内容や状況に応じ適切に対応できるようにすること。セクシュアルハラスメントが現実に生じている場合だけでなく，発生のおそれがある場合や，セクシュアルハラスメントに該当するか否か微妙な場合であっても，広く相談に対応すること。
【望ましい取組】 妊娠・出産・育児休業等に関するハラスメントやセクシュアルハラスメントはその他のハラスメント（パワーハラスメント等）と複合的に生じることも想定されることから，あらゆるハラスメントの相談を一元的に受け付ける体制を整備すること。	

● 職場におけるハラスメントへの事後の迅速かつ適切な対応	
5 事実関係を迅速かつ正確に確認すること。	事実関係を迅速かつ正確に確認すること。
6 事実確認ができた場合には、速やかに被害者に対する配慮の措置を適正に行うこと。	事実確認ができた場合には、速やかに被害者に対する配慮の措置を適正に行うこと。
7 事実確認ができた場合には、行為者に対する措置を適正に行うこと。	事実確認ができた場合には、行為者に対する措置を適正に行うこと。
8 再発防止に向けた措置を講ずること。	再発防止に向けた措置を講ずること。
● 職場における妊娠・出産等に関するハラスメントの原因や背景となる要因を解消するための措置	
9 業務体制の整備など、事業主や妊娠等した労働者その他の労働者の実情に応じ、必要な措置を講ずること。 【望ましい取組】妊娠等した労働者の側においても、制度等の利用ができるという知識を持つことや、周囲と円滑なコミュニケーションを図りながら自身の体調等に応じて適切に業務を遂行していくという意識を持つことを周知・啓発すること。	
● 併せて講ずべき措置	
10 相談者・行為者等のプライバシーを保護するために必要な措置を講じ、周知すること。	相談者・行為者等のプライバシーを保護するために必要な措置を講じ、周知すること。
11 相談したこと、事実関係の確認に協力したこと等を理由として不利益な取扱いを行ってはならない旨を定め、労働者に周知・啓発すること。	相談したこと、事実関係の確認に協力したこと等を理由として不利益な取扱いを行ってはならない旨を定め、労働者に周知・啓発すること。

(出典) 厚生労働省

実際にハラスメントが起こったときはどうすればいい？

　実際にハラスメントが起こったときはどのように対処していけば良いでしょうか。まず、相談対応を行いますが、そのためには事前に相談窓口を設置しておく必要があります。ハラスメントが起こってから対応をどうしようと悩むのではなく、事前準備がとても大切です。例えば、総務部などで担当者（複数人が望ましい）を決めておき、社員に周知すると良いでしょう。また、事業主の方針を明確化し、周知しておく必要があります。そのうえで、ハラスメントが実際に起こってしまった場合は、相談対応⇒事実関係の確認⇒とるべき措置の検討・実施⇒行為者・相談者へのフォロー⇒再発防止策の実施の流れで対応していくことになります。

⑥ セクシュアルハラスメント，マタニティハラスメント等　　**179**

≪ハラスメント対応のおおまかな流れ≫

相談対応
・相談に当たっては，プライバシーを遵守します。 ・相談したことで不利益を受けることがないようにします。

事実関係の確認
・行為者や第三者に事実確認を行う場合は，必ず相談者の了解を得ます。 ・第三者として事実確認の確認に協力したことで不利益を受けることがないようにします。

とるべき措置の検討・実施
・被害状況 ・事実確認の結果（人間関係，動機，時間・場所，質・頻度） ・就業規則の規定内容確認 ・裁判例の要素を踏まえて措置を検討・実施していきます。

再発防止策の実施
・取組みの定期的な検証，見直し ・研修の実施 ・メッセージ配信など

適正な措置の実施後 行為者・相談者へのフォロー
・会社の取組みを説明します。 ・行為者が同様の問題を起こさないようフォローします。

第5章

社員の戦力化及び定着を図るには！

① 労働生産性の向上，会社の業績を上げる人事評価制度導入

労働生産性の向上

　「生産性」は，モノやサービスなどの価値をどれだけ少ない資源や労力の投入によって効率的に生み出しているかという指標です。

　「生産性」にはいくつかの種類がありますが，一般的には，「（付加価値）労働生産性」のことを指します。

　この「（付加価値）労働生産性」とは，労働者1人あたり（または労働者1人が1時間あたり），どれだけの付加価値を生み出したかという数字です。

　労働者がどれだけ効率的に成果を生み出したかを定量的に数値化したものであり，労働者の能力向上や効率改善，経営効率の改善などによって向上します。

【計算式】

$$\text{労働生産性} = \frac{\text{付加価値額}}{\text{労働投入量（常用労働者数，総労働時間））}}$$

・付加価値

【中小企業庁方式】付加価値＝売上高－外部購入価値※

※外部購入価値：材料費，購入部品費，運送費，外注加工費など

生産性は「適切な人事労務管理」によっても向上が見込まれます。労働時間が法令を遵守し適度であり、会社による健康管理がなされ、福利厚生がしっかりしていれば、働きやすさが増し、その結果、生産性が向上します。また、人事評価・処遇制度や人材育成制度を整備することで、自分が正当に評価されている、成長を実感できるという意識が生まれ、会社への帰属意識にもつながり、働きがいが増し、その結果、生産性が向上します。

　戦略的労務管理（P.3）により労務管理を行い、生産性向上がなされ、会社業績が良くなれば、社員の処遇も良くなる好循環が生まれます。

≪適切な人事労務管理による「生産性向上」≫

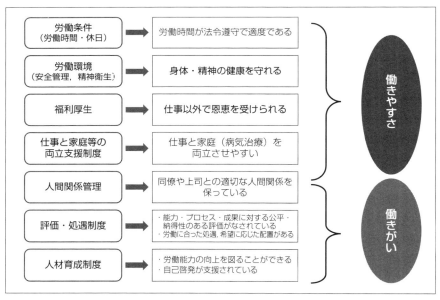

（出典）厚生労働省「適切な人事労務管理による「生産性向上」」を筆者一部改変

≪戦略的労務管理による好循環≫

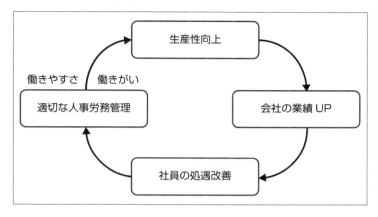

　生産性向上に向けた基本的な取り組みとしては，①労働投入量の効率化を図る，②付加価値額を増やす，に大きく分けることができます。①，②のどちらか片方だけではなく両輪で取り組みをしていきます。

　労働投入量の効率化では，機械化・IT化などにより業務の省力化を行ったり，やめる仕事を抽出する・マニュアル化するなどにより仕事のプロセスの効率化を図っていきます。

　中小企業においては，長時間の会議をなくす，メールや電話の時間を少なくするといった身の回りのことから取り組んでも効果が上がっていきます。残業（長時間労働）が減るため，残業代の抑制にもつながります。

≪中小企業　生産性向上事例≫

- やめる仕事を抽出する
- 仕事の平準化をはかる
- マニュアル（標準）に合わせる
- いいにくいことを吸い上げる　など

　付加価値額を増やす方法としては，既存商品・サービスの高付加価値化を行うことで単価を上げたり，収益源の新たな創出として，新規製品・サービスを展開していきます。

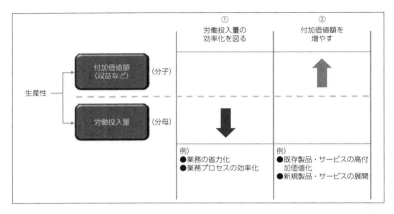

(出典)総務省「ICTによるイノベーションと新たなエコノミー形成に関する調査研究」(平成30年)

 ## 日本の時間あたりの労働生産性

　日本の時間あたりの労働生産性は、世界各国と比較しても、年々下がり続けています。OECD加盟諸国の時間あたり労働生産性については、日本は、38国中30位の低水準となっています。人口減少が進む日本では、生産性向上は重要な課題であり、中小企業においても意識して取り組む必要があるといえます。

時間あたり労働生産性　上位10か国の変遷

	1970年	1980年	1990年	2000年	2010年	2020年	2022年
1	スイス	スイス	ルクセンブルク	ルクセンブルク	ルクセンブルク	アイルランド	アイルランド
2	ルクセンブルク	ルクセンブルク	ドイツ	ノルウェー	ノルウェー	ルクセンブルク	ノルウェー
3	米国	オランダ	オランダ	ベルギー	米国	ベルギー	ルクセンブルク
4	スウェーデン	スウェーデン	ベルギー	オランダ	アイルランド	ノルウェー	デンマーク
5	カナダ	米国	スイス	スウェーデン	ベルギー	デンマーク	ベルギー
6	オランダ	ベルギー	米国	米国	デンマーク	フランス	スイス
7	オーストラリア	ドイツ	スウェーデン	フランス	スウェーデン	オーストリア	スウェーデン
8	ベルギー	アイスランド	フランス	スイス	オランダ	スウェーデン	オーストリア
9	イタリア	カナダ	ノルウェー	ドイツ	スイス	スイス	米国
10	デンマーク	イタリア	イタリア	デンマーク	フランス	米国	アイスランド
-	日本(19位)	日本(20位)	日本(20位)	日本(21位)	日本(20位)	日本(27位)	日本(30位)

(出典)公益財団法人 日本生産性本部　労働生産性の国際比較 2023

◆日本型の成果主義

　生産性向上につながる人事施策の1つとして，成果に応じた人事評価制度の導入が考えられます。日本では，今まで年齢や勤続年数に応じた年功序列制度が導入されてきましたが，現状維持の意識が発生し，生産性が低くなる可能性もあります。年齢や生計費に配慮した年齢的賃金を取り入れる一方，成果にも着目し，人事評価に取り入れることが重要です。成果は，「業績評価」と「成果評価」で把握していきます。

　「業績評価」とは，個人の業務課題・目標の達成状況による評価，「成果評価」とは，その達成結果が会社業績にどの程度貢献したかで判断する評価です。

業績評価	個人の業務課題・目標の達成状況による評価。売上をどの程度上げたか，コストダウンをどの程度できたか，新製品の開発をどの程度行ったかなど
成果評価	達成結果が会社業績にどの程度貢献したかで判断する評価。会社全体の売上にどの程度貢献したか，会社全体のコストダウンにどの程度貢献したかなど

「時間あたりの労働生産性」を評価に組み込む

　個人の業績評価の一要素として，「時間あたりの労働生産性」を評価に組み込むという考え方があります。労働時間が1日8時間のフルタイム正社員と1日6時間の短時間正社員が，ある評価期間に4,500万円の売上を達成した場合，次図の能力評価基準で評価すると，ともにA評価となります。しかし，本来であれば，短い労働時間で同じ業績をあげた短時間正社員の評価が高くなるものと考えられます。適切に労働時間を評価に組み込むことで，短時間正社員に対しても適切に評価をすることができ，モチベーションアップにもつながります。そのためには，新たに「労働時間」と「時間あたり労働生産性」を評価に組み込む方法が考えられます。

　売上高を労働時間で割ることによって，「時間あたり売上高」が算出されます。この数字が新しい評価基準になっています。新しい評価基準では，フルタイム正社員はC，短時間正社員はAという評価になっています。欧米企業では「時間あたりの生産性」で評価がされています。EU加盟国には勤務間インター

186　第5章　社員の戦力化及び定着を図るには！

バル制度が義務づけられており，1日の労働時間の上限が決まっていますので，企業は短い時間で高い成果を出す社員を評価する仕組みになっています。今後職場で増えていくであろう，働き方に制約のある社員にもモチベーション高く働いてもらうためには，この「時間あたりの生産性」による評価も重要な考え方の1つになるでしょう。

今まで

評価	S	A	B	C	D
売上高	5,000万円以上	4,000万円以上5,000万円未満	3,000万円以上4,000万円未満	2,000万円以上3,000万円未満	2,000万円未満

フルタイム正社員

項目	業績	能力評価
売上高	4,500万円	A

短時間正社員

項目	業績	能力評価
売上高	4,500万円	A

時間あたりの労働生産性を評価に組み込む

これから

評価	S	A	B	C	D
時間単位売上高	15万円以上	13万円以上15万円未満	11万円以上13万円未満	9万円以上11万円未満	9万円未満

フルタイム正社員（労働時間480時間）

項目	業績	能力評価
売上高	4,500万円	C

短時間正社員（労働時間320時間）

項目	業績	能力評価
売上高	4,500万円	A

4,500万円÷480時間＝9.375万円

4,500万円÷320時間＝14.0625万円

業績連動型賞与

　業績連動型賞与とは，会社の業績を基に賞与の支給原資を決定し，その支給原資内で個人の評価に応じて賞与支給額を決定する制度です。業績指標は，「営業利益」「経常利益」「当期純利益」などがあげられます。

【計算式1】

　前年度営業利益の一定割合を業績連動型賞与の原資とする場合

① 固定部分＝基本給×２〜３か月分

② 業績連動部分（a）＝（前年度賞与支給総額＋前年度営業利益）×10％

【計算式２】

前年度営業利益の一定割合を業績連動型賞与の原資とする場合

① 固定部分＝基本給×２〜３か月分

② 業績連動部分（a）＝（前年度経常利益）×20％

　業績連動型賞与のメリットは，①固定費の変動費化によって総額人件費管理ができる，②経営参画意識が高まり，業績が向上する，②退職金や割増賃金の計算基礎とはならず費用を抑えることができる，などがあります。一方，デメリットは，①業績が低下したときに賞与額が減るため不満が出る，②目先の利益を追求する可能性がある，などがあります。

　業績連動型賞与の導入によるメリットは大きいですが，導入には目的を明確にし，社員に理解してもらいやすい制度とする必要があります。

残業削減できた残業代の原資を，賞与として分配する

　残業を削減することで，残業代を生活費の一部ととらえている社員のモチベーションが低下する可能性があります。

　そのような場合は，従来の評価制度に加え，残業時間の削減に取り組んだ社員を評価する仕組みを導入することで，社員全体が残業時間削減に向け努力する効果が得られます。また，成果（売上向上など）を上げた人に，残業削減できた残業代の原資を，賞与として分配する方法があります。いずれも，長時間労働の抑制や生産性向上につながります。ただし，残業を削減すると労働時間も減るため，それと連動して利益も減ったのでは，本末転倒です。残業を削減し，かつ利益も維持できている状態で配分を行うなど，慎重に検討をする必要があります。

188　第5章　社員の戦力化及び定着を図るには！

② 賃金の支払い

　賃金とは，「賃金，給料，手当，賞与その他名称の如何を問わず，労働の対償として使用者が労働者に支払うすべてのもの」と労働基準法第11条で定められています。

　したがって，労働の対償として使用者が労働者に支払うものは，すべて賃金となります。賃金は，「最低賃金法」(P.42) を遵守し，最低賃金額を下回る金額とならないようにし，賃金支払い状況を記載した「賃金台帳」(P.17) を作成しなければなりません。また，残業（時間外労働）をした場合などは，「割増賃金」(P.30) を支払わなければなりません。

賃金支払いの5原則

　労働基準法第24条では賃金の支払いについて，次の5つの原則を定めています。

　賃金支払いの5原則に違反した場合は，30万円以下の罰金刑となりますので，注意が必要です。

①　通貨払いの原則

　賃金は，法令または労働協約で別段の定めがある場合を除き，原則として，通貨で支払わなければなりません。労働者の同意がある場合，労働者の預貯金口座に振り込むことが可能です。振り込む場合は，賃金支払日の午前10時頃までに引き出しが可能となっている必要があります。

　令和5年4月からは賃金のデジタル払いが解禁となりました。

②　直接払いの原則

　賃金は，労働者本人に直接支払わなければなりません。労働者が未成年者の場合も，親や代理人に支払うことはできません。ただし，労働者が病気などで欠勤している場合は，その家族などの使者（お使い）に対して支払うことは認

められています。

③ 全額払いの原則

賃金から，社会保険料や所得税など，法令で定められているもの以外を控除する場合には，労働者の過半数で組織する労働組合がある場合はその労働組合，労働組合がない場合は労働者の過半数を代表する者との間に，労使協定（賃金控除協定書）を結ばなくてはなりません。この協定は，労働基準監督署への届出は不要です。

④ 毎月1回以上払いの原則

賃金は毎月1回以上，一定の期日に支払日を決めて支払わなければなりません。賃金の締日や支払日が変更になる場合は，注意が必要です。

ただし，賞与には，この原則が適用されません。

⑤ 一定期日払いの原則

給与は，「毎月20日」や「毎月末日」など日を特定して支払う必要があります。「毎月第4水曜日」や「毎月20日から25日の間」のような変動性のある支払方法はとれません。ただし，賃金支払日が休日にあたる場合は，支払日の前日への繰上げ，翌日への繰下げは認められています。その場合は，就業規則（賃金規程）で取扱いを定めておきます。

ノーワーク・ノーペイの原則

労働者に遅刻や欠勤などがあった場合，それに対応する部分の賃金を支払わないことは，労働基準法第24条違反にはなりません。就業規則（賃金規程）で，遅刻や欠勤の場合の賃金の取扱いについて定めておくと良いでしょう。

ただし，「5分の遅刻を30分の遅刻として賃金をカットすること」や「遅刻3回（10分×3回＝合計30分の遅刻）で1日分の賃金をカットすること」は，違法となりますので，注意が必要です。

190 第5章 社員の戦力化及び定着を図るには！

≪POINT≫賃金のデジタル払いとは

　送金手段の多様化，キャッシュレス決済の普及のニーズに対応するために，厚生労働大臣が指定した資金移動業者（○○Pay）の口座への賃金支払いが可能となりました。

　労使協定を締結した後，個々の労働者へ説明し，労働者が同意した場合は，賃金のデジタル払いを開始することができます。

＜賃金控除協定書　記載例＞

賃金控除に関する協定

　株式会社○○と社員代表■■とは，労働基準法第24条第１項ただし書に基づき，賃金の一部控除に関し，以下のとおり協定する。

第１条（控除の対象）

　会社は，毎月○日支払の賃金より，以下に掲げるものを控除することができる。

⑴ 社員旅行の積立金

⑵ 会社立替金もしくは社内貸付制度による返済金および利息

⑶ 会社施設の利用代金

⑷ 団体扱いの生命保険・損害保険の保険料

⑸ 通信教育受講料

⑹ 財形制度の積立金

⑺ 社内預金制度による預入金

⑻ 社宅費

第２条（協定の有効期間）

　本協定の有効期間は，令和　年　　月　　日より令和　年　　月　　日までの１年間とし，有効期間満了の１カ月前までに，労使双方において，異議の申し出がない場合には，さらに１年間延長するものとする。また，それ以降についても同様とする。

令和　年　　月　　日

　　　　　　　　　　　　　　　　　　　　株式会社　○○

代表取締役　△△　　　　　印

株式会社　○○
社員代表　■■　　　　　　印

③　賃金規程の作り方

　賃金規程は，賃金（給与）を支払ううえでのルールを明文化したもので，就業規則の中の「賃金」に関する部分を抜粋した規程です。通常は就業規則とは別に定めます。賃金規程の構成は，賃金規程が適用される社員の範囲，賃金の体系（所定内賃金と所定外賃金に区分），賃金形態（月給，時給，日給），賃金の支払方法，賃金の締日や支給日，賃金の日割計算や減額，昇給のルールなどを規定します。

　また，賞与の支給がある場合は，支給対象時期，算定期間，算定基準，支払方法などを定めていきます。

≪賃金規程の構成例≫

第1章　総則	第2章　賃金
・目的　　　　・賃金の原則 ・適用範囲　　　・賃金の構成 ・賃金の形態　　　・賃金の締日・支給日 ・賃金の支払方法 ・日割り計算の方法 ・賃金の減額（遅刻，早退，欠勤控除） ・賃金からの控除項目　　・端数処理　など	・基本給 ・賃金の改定（昇給，降給） ・各手当（役職手当，通勤手当など） ・割増賃金（P.30参照）　など
第3章　賞与	第4章　その他
・支給対象時期 ・算定期間 ・算定基準 ・支払方法　など	・休業手当 ・非常時払い　など

192　第5章　社員の戦力化及び定着を図るには！

賃金の適用範囲，賃金の構成，賃金の締切日及び支払日

　賃金規程の適用範囲では，社員とパートタイムや有期契約社員などの非正規社員では，一般的には賃金構成や賃金形態が異なるため，非正規社員については別規程で定める旨を規定します。

　賃金の構成では，基本給や役職手当など自社で定める賃金の種類を定めます。

　また，賃金計算の締切日及び支払日を明確に定めます。規定例では，毎月15日締切日，25日支払いとしています。

≪賃金規程　規定例①　一部抜粋≫

第〇条（適用範囲）
　就業規則第〇条に定める社員の賃金については本規程による。
　2．パートタイム，有期契約社員，その他臨時に採用された者の賃金は，別途，定める規程等によるものとする。

第〇条（賃金の構成）
　賃金の構成は次のとおりとする。
①　所定内賃金
　基本給，役職手当，通勤手当

②　所定外賃金
　時間外労働手当，深夜労働手当，休日労働手当

第〇条（賃金締切日，および支払日）
　賃金の締切期間は，前月16日から当月15日までとし，当月の25日に支払う。
　支払日当日が，休日や祝祭日の場合は，その前日に繰り上げて支払う。
……

③ 賃金規程の作り方　193

賃金の日割り計算，減額計算（遅刻，早退，欠勤控除）

　月の途中での入社や退職，休職・復職で日割り計算が必要な場合の計算方法を定めます。また，遅刻・早退，欠勤などで控除する場合の計算方法も定めていきます。

≪賃金規程　規定例②　一部抜粋≫

第○条（賃金の日割り計算，賃金の減額）
　社員が賃金計算期間途中で入退職，休復職した場合は，日割計算によって支給する。その場合の日割り支給分は，次の計算方法による。

（所定内賃金　÷　月所定労働日数）×出勤日数

２．遅刻・早退・私用外出などにより，所定労働時間の全部又は一部を就労しなかった場合においては，その不就労の時間に対する賃金を支給しない。
３．前項の場合において，不就労の時間に応じた賃金控除額は，次の計算方法による。

（所定内賃金　÷　月所定労働時間）×不就労時間数

４．欠勤した者の賃金は，欠勤した日数について日割り控除する。その場合の日割り控除分は，次の計算方法による。

（所定内賃金　÷　月所定労働日数）×欠勤日数

基本給

　基本給は，年齢，勤続年数，勤務態度など属人的なものや職務内容（重要度，困難度や責任の度合い），経験や能力といった職務遂行能力などを総合的に勘案し決定します。基本給には，月給（完全月給），日給月給，日給，時間給などがあります。

賃金の改定（昇給，降給）

　昇給に関する事項は，就業規則の絶対的必要記載事項になります。しかし，

条文名を「昇給」とすると，毎年昇給するものと誤認される可能性があるため，「賃金の改定」とします。会社の業績や本人の能力などにより，昇給・現状維持・降給があるためです。ただし，降給をするときは，不利益変更とされる場合もありますので，降給の場合のルールを定めるなど，細心の注意が必要です。

≪賃金規程　規定例③　一部抜粋≫

第〇条（基本給）
　基本給は，各人の年齢，能力，経験，職務，技能等を総合的に勘案して決定する。

第〇条（賃金の改定（昇給，降給））
　社員の賃金は，会社の業績および社員の能力，職務，技能，役割，責任とその達成度等により毎年〇月に改定する。
　……

≪POINT≫完全月給制と日給月給制
　完全月給制は，遅刻・早退・欠勤がある場合でも，賃金から控除されません。一方，日給月給制は，遅刻・早退・欠勤をした場合にノーワーク・ノーペイの原則どおり，その相当額をその月の賃金から控除できます。

賞与

　賞与は会社に支払いが義務づけられていません。しかし，支給する場合は，賃金規程に支給対象時期，算定期間，算定基準，支払方法，受給資格などを記載する必要があります。また，会社の経営状況などによって不支給とする場合があることも規定しておきます。

≪賃金規程　規定例④　一部抜粋≫

第〇条（賞与）
　賞与は，会社の業績及び社員本人の実績，勤務成績，勤務態度等の要素を総合的に勘案して支給する。ただし，会社の経営状況（業績等）によっては支給しない場合がある。

第○条（賞与の支給時期，算定期間）

　前条の賞与は，毎年○月と○月に支給するものとし，支給する場合の算定期間は次のとおりとする。

① 夏季賞与：前年○月○日～当年○月○日

② 冬季賞与：当年○月○日～当年○月○日

第○条（賞与の受給資格）

　賞与は，算定期間内に勤務し，賞与支給日当日に在籍している社員に支給する。

2．計算期間中の在籍期間が○か月以上である社員に支給する。

3．前各項にかかわらず，次に掲げる者については賞与を支給しないことがある。

① 遅刻・欠勤を繰り返すなど，著しく勤務成績不良の社員

② その他賞与を支給することが不適格と認められる社員

4　母性保護

　母性保護とは，安心して妊娠，出産，育児ができるように定められた女性社員に対しての保護のことをいいます。母性保護には，①労働基準法における母性保護，②男女雇用機会均等法における母性保護の2種類があります。

≪労働基準法における母性保護≫

①	産前産後休業	産前6週間の女性社員が請求したとき，産後8週間の女性社員に与えなければならない休業
②	軽易な業務への転換	妊娠中の女性社員が請求した場合に，他の軽易な業務へ転換
③	育児時間	生後満1年に達しない子どもを育てる女性社員が請求した場合に，1日2回各30分以上の育児時間を与えること

④	妊産婦等の危険有害業務の就業制限	妊産婦等の妊娠，出産，哺育等に有害な業務への就業を禁止
⑤	妊産婦に対する変形労働時間制の適用制限	妊産婦が請求した場合には，変形労働時間制が適用される場合であっても，1日及び1週間の法定労働時間を超えての労働を禁止
⑥	妊産婦の時間外労働，休日労働，深夜業の制限	妊産婦が請求した場合には，時間外労働，休日労働，深夜業を禁止

※妊産婦：妊娠中または出産後1年以内の女性社員

産前産後休業

　産前6週間（多胎妊娠の場合は14週間）の女性社員が請求したとき，及び，産後8週間の女性社員に与えなければならない休業です。産後休業は，女性社員の請求の有無にかかわらず働かせてはいけません。しかし，6週間経過後に女性社員が請求し，医師が支障がないと認めた業務に就かせることは差し支えありません。

出産手当金

　健康保険の被保険者（任意継続被保険者を除く）が出産のために会社を休み，会社から報酬の支払いがない場合，出産手当金が支給されます。

1）支給要件

　出産手当金は，出産日以前42日（多胎妊娠の場合は98日。）以内，出産日後56日以内の期間中に労務に服さなかった日について支給されます。
　詳しい支給要件は，次のとおりです。

④ 母性保護　197

① 被保険者が出産したこと
② 妊娠4か月（85日）以上の出産であること（早産・死産（流産）・人工妊娠中絶含む）
③ 出産のため仕事を休み，報酬の支払いがないこと

2）支給額

　1日あたりの金額＝

【支給開始日※の以前12か月間の各標準報酬月額を平均した額】÷30日×（2／3）

　※支給開始日とは，一番最初に出産手当金が支給された日のことをいいます。

産前産後休業中の社会保険料免除

　産前産後休業期間中（産前42日（多胎妊娠の場合は98日）から，産後56日のうち，妊娠または出産を理由として労務に従事しなかった期間）の社会保険料が，被保険者と事業主ともに免除されます。

≪男女雇用機会均等法における母性保護≫

| ① | 妊婦検診の受診時間の確保 | 母子保健法に定められている保健指導，健康診査を受ける時間の確保 |
| ② | 医師等の指導事項を守るための必要な措置 | 妊婦検診で医師等の指導事項を守れるような必要な措置（通勤緩和，休憩に関する措置など） |

　事業主は，女性社員から健康診査等を受けるための時間の確保について，申出があった場合には，次のとおり，必要な時間を確保できるようにしなくてはなりません。

健康診査等を受診するために確保しなければならない回数
① 妊娠中
　妊娠23週までは4週間に1回

198　第5章　社員の戦力化及び定着を図るには！

> 妊娠24週から35週までは2週間に1回
>
> 妊娠36週以後出産までは1週間に1回
>
> ②　産後（出産後1年以内）
>
> 医師等の指示に従って必要な時間を確保する

　医師等の指導事項の内容は，「母性健康管理指導事項連絡カード」を通じて行います。妊婦検診の結果，時差出勤などの通勤緩和や休憩延長などの休憩に関する措置が必要な場合，このカードに必要事項を記入してもらいます。女性社員は，このカードを会社に提出して，必要な措置を申し出ます。

　妊娠や出産などを理由とした解雇その他の不利益取扱いは禁止されています。

≪母性健康管理指導事項連絡カード≫

母性健康管理指導事項連絡カード

年　月　日

事業主 殿

医療機関等名 ------------------------------

医師等氏名 ------------------------------

下記の1の者は、健康診査及び保健指導の結果、下記2～4の措置を講ずることが必要であると認めます。

記

1. 氏名 等

| 氏名 | | 妊娠週数 | | 週 | 分娩予定日 | 年　月　日 |

2. 指導事項

症状等（該当する症状等を○で囲んでください。）

措置が必要となる症状等
つわり、妊娠悪阻、貧血、めまい・立ちくらみ、
腹部緊満感、子宮収縮、腹痛、性器出血、
腰痛、痔、静脈瘤、浮腫、手や手首の痛み、
頻尿、排尿時痛、残尿感、全身倦怠感、動悸、
頭痛、血圧の上昇、蛋白尿、妊娠糖尿病、
赤ちゃん（胎児）が週数に比べ小さい、
多胎妊娠（　　胎）、産後体調が悪い、
妊娠中・産後の不安・不眠・落ち着かないなど、
合併症等（　　　　　　　　　　）

指導事項（該当する指導事項欄に○を付けてください。）

	標準措置	指導事項
休業	入院加療	
	自宅療養	
勤務時間の短縮		
作業の制限	身体的負担の大きい作業（注）	
	長時間の立作業	
	同一姿勢を強制される作業	
	腰に負担のかかる作業	
	寒い場所での作業	
	長時間作業場を離れることのできない作業	
	ストレス・緊張を多く感じる作業	

（注）「身体的負担の大きい作業」のうち、特定の作業について制限の必要がある場合には、指導事項欄に○を付けた上で、具体的な作業を○で囲んでください。

標準措置に関する具体的内容、標準措置以外の必要な措置等の特記事項

3. 上記2の措置が必要な期間

（当面の予定期間に○を付けてください。）

1週間（　　月　　日～　　月　　日）	
2週間（　　月　　日～　　月　　日）	
4週間（　　月　　日～　　月　　日）	
その他（　　月　　日～　　月　　日）	

4. その他の指導事項

（措置が必要である場合は○を付けてください。）

| 妊娠中の通勤緩和の措置（在宅勤務を含む。） | |
| 妊娠中の休憩に関する措置 | |

指導事項を守るための措置申請書

年　月　日

上記のとおり、医師等の指導事項に基づく措置を申請します。

所属 ------------------------------

氏名 ------------------------------

事業主 殿

この様式の「母性健康管理指導事項連絡カード」の欄には医師等が、また、「指導事項を守るための措置申請書」の欄には女性労働者が記入してください。

（出典）厚生労働省

⑤　育児休業

　育児休業とは，原則として，1歳未満の子どもを養育するための休業です。育児・介護休業法に定められています。女性社員だけではなく，男性社員も取

得することが可能です。

　子どもが1歳になるときに保育所に入所できない等の事情があるときは，子どもが1歳6か月になるまで育児休業を延長することが可能です。

　1歳6か月になるときに保育所に入所できない等の事情があるときは，子どもが2歳になるまでさらに育児休業を延長することができます。

育児休業給付金

　雇用保険の被保険者が1歳または1歳2か月※（保育所などにおける保育の実施が行われないなどの場合は1歳6か月または2歳）未満の子を養育するために育児休業を取得した場合，一定の要件を満たすと育児休業給付金が支給されます。

※父母がともに育児休業を取得する場合は，子が1歳2か月になるまで対象となる場合があります。

○支給金額

休業開始時賃金日額×支給日数×67%（育児休業の開始から6か月経過後は50%）

　育児・介護休業法には，育児休業の他にも多くの育児支援の内容が規定されています。

≪育児・介護休業法における育児支援の内容≫

項目	内容
育児休業	原則として1歳までの子どもを養育するために取得することができる休業（延長：1歳6か月，再延長：2歳）
出生時育児休業	出生後，8週間以内に4週間まで取得することができる休業
子の看護休暇	小学校入学前までの子どもが病気やケガをしたときや，予防接種や健康診断を受けさせるときに取得できる休暇

所定外労働の制限	3歳に満たない子どもを養育する社員が請求した場合には所定外労働は禁止されます。
時間外労働の制限	小学校入学前までの子どもを養育する社員の法定時間を超える労働⇒1か月24時間，1年150時間まで
深夜業の制限	小学校入学前までの子どもを養育する社員が請求した場合には深夜労働は禁止されます。
育児短時間勤務	3歳に満たない子どもを養育する社員が希望すれば利用できる，所定労働時間を短縮する制度

出生時育児休業

　子どもの出生後，8週間以内に4週間まで取得することができる出生時育児休業（産後パパ育休）制度が令和4年10月に創設されました。要件を満たせば，新たに新設された「出生時育児休業給付金」を受給することが可能です。

　特徴としては，原則として取得の2週間前までの申出により取得ができること（育児休業は1か月前までの申出が必要です）や，2回に分割して取得できること，労使協定を締結している場合に限り，労働者が合意した範囲で休業中に就業できることがあります。

子の看護休暇

　小学校入学前※までの子どもが病気やケガをしたときや，予防接種や健康診断を受けさせるときに取得できる休暇です。1年度において5日（子どもが2人以上の場合には，10日）を限度として，子の看護休暇を取得することができます。

※令和7年4月1日からは，「小学校3年生修了」までに対象範囲が拡大します。

　1日または半日単位，時間単位での取得が可能です。

　労使協定を締結することで，①入社6か月未満の労働者，②週の所定労働日数が2日以下の労働者を対象外（①は令和7年3月31日まで）とすることがで

きます。

また，子の看護休暇中の賃金支払義務はありませんが，実際に休暇を取得したことを理由として解雇するなど，不利益な取扱いをすることはできません。

≪POINT≫産前産後休業と育児休業の違い

育児休業は，子ども１人につき１回，産後休業の翌日から，原則として子どもが１歳になるまでの間の休業です。

産前産後休業は労働基準法を根拠とし，育児休業は育児介護休業法を根拠としています。

≪育児休業などの手厚い支援制度≫

制度名	要件	支給額等
出産手当金 （健康保険制度）	出産日（出産が予定日より後になった場合は，出産予定日）以前42日（多胎妊娠の場合は98日）から出産日の翌日以降56日までの範囲内で，会社を休み給与の支払いがなかった期間支給	休業１日につき，標準報酬日額の３分の２ ※標準報酬日額＝【支給開始日の以前12か月間の各標準報酬月額を平均した額】÷30日
出産育児一時金 （健康保険制度）	被保険者または家族（被扶養者）が，妊娠４か月（85日）以上で出産をした場合支給（早産，死産，流産，人工妊娠中絶（経済的理由によるものも含む）も含まれます）。	１児につき50万円 （産科医療補償制度に加入していない医療機関の場合，妊娠週数22週未満で出産した場合は48.8万円）
産前産後，育児休業時社会保険料免除 （健康保険・厚生年金保険）	産前産後：産前産後休業開始月から終了予定日の翌日の月の前月（産前産後休業終了日が月の末日の場合は産前産後休業終了月）まで，事業主の申出により免除 育児休業：育児休業等開始月から終了予定日の翌日の月の前月（育児休業終了日が月の末日の場合は育児休業終了月）まで，事業主の申出によ	産前・産後，育児休業期間中は，本人負担及び会社負担分全額免除

	り免除	
育児休業給付金 （雇用保険制度）	1歳または1歳2か月（延長した場合は1歳6か月または2歳）未満の子を養育するために育児休業を取得した場合に支給 （詳細要件） ・雇用保険に加入していること ・育休中，休業開始前の1か月あたりの賃金の8割以上の賃金が支払われていないこと ・育休前の2年間のうちで，1か月に11日以上働いた月が12か月以上あること ・各支給単位期間ごとに就業している日数が10日以下であること　など	休業開始前の賃金の概ね50% ※ただし一定期間は， 　50%→67%
出生時育児休業給付金 （雇用保険制度）	子の出生後，8週間以内に4週間まで取得することができる出生時育児休業（産後パパ育休）を取得した場合に支給 （詳細要件） ・休業期間中の就業日数が，最大10日（10日を超える場合は就業している時間数が80時間）以下であること ・休業開始前2年間に，賃金支払基礎日数が11日以上ある（ない場合は就業時間数が80時間以上）完全月が12か月以上あること　など	休業開始時賃金日額×支給日数×67% ※出生時育児休業期間中に賃金が支払われた場合は，調整されます。
標準報酬の養育特例 （厚生年金保険制度）	被保険者の申出により，子どもが3歳までの間，短時間勤務等で働き，それに伴って標準報酬月額が低下した場合，子どもが生まれる前の標準報酬月額に基づく年金額を受給でき	養育開始月の前月の標準報酬月額を下回る場合，「厚生年金保険養育期間標準報酬月額特例申出書」を提出することにより，子どもが生

	る。	まれる前の標準報酬月額に基づく年金額を受給できる。
子どもの扶養加入（健康保険制度）	子どもが誕生したら届出をする（夫婦両方とも健康保険制度に加入している場合は，収入が多い方の扶養に加入）。	子どもの健康保険料免除

6 介護休業

　令和7年（2025年）には，「団塊の世代」が後期高齢者（75歳）となり，中小企業においても「働きながら介護する時代」への対応が求められています。介護問題は事前予告なしで突然やってくるため，社員の方が離職することなく仕事と介護を両立できるようにするためにも，予備知識を押さえ，事前準備をしていきましょう。

介護休業とは

　介護休業とは，要介護状態（けがや病気，または障害により，2週間以上の期間にわたり常時介護を必要とする状態）にある対象家族を介護するためにする休業です。介護休業は，対象家族1人につき93日を限度に3回まで取得できます。

≪取得例≫

6 介護休業 205

≪介護休業の対象家族≫

配偶者（事実婚を含む），父母，子（養子を含む）
配偶者の父母，祖父母，兄弟姉妹，孫

○有期雇用労働者の介護休業

有期雇用労働者は，申出時点において，次に該当する場合，介護休業を取得することができます。

・介護休業取得予定日から起算して93日経過する日から6か月を経過する日までに，労働契約（更新される場合には，更新後の契約）の期間が満了することが明らかでないこと

○労使協定による適用除外

会社は，要件を満たした社員からの介護休業の申出を拒むことができません。ただし，次に定める社員を適用除外とする労使協定を締結した場合は，申出を拒むことができます。

① 入社1年未満の社員
② 申出の日から93日以内に雇用関係が終了することが明らかな社員
③ 1週間の所定労働日数が2日以下の社員

206   第5章　社員の戦力化及び定着を図るには！

≪常時介護を必要とする状態に関する判断基準≫

「常時介護を必要とする状態」とは、以下の（1）又は（2）のいずれかに該当する場合であること。
（1）介護保険制度の要介護状態区分において要介護2以上であること。
（2）状態①～⑫のうち、2が2つ以上該当又は3が1つ以上該当し、かつ、その状態が継続すると認められること。

項　目　＼　状　態	1 (注1)	2 (注2)	3
①座位保持（10分間一人で座っていることができる）	自分で可	支えてもらえればできる （注3）	できない
②歩行（立ち止まらず、座り込まずに5m程度歩くことができる）	つかまらないでできる	何かにつかまればできる	できない
③移乗（ベッドと車いす、車いすと便座の間を移るなどの乗り移りの動作）	自分で可	一部介助、見守り等が必要	全面的介助が必要
④水分・食事摂取（注4）	自分で可	一部介助、見守り等が必要	全面的介助が必要
⑤排泄	自分で可	一部介助、見守り等が必要	全面的介助が必要
⑥衣類の着脱	自分で可	一部介助、見守り等が必要	全面的介助が必要
⑦意思の伝達	できる	ときどきできない	できない
⑧外出すると戻れない	ない	ときどきある	ほとんど毎回ある
⑨物を壊したり衣類を破くことがある	ない	ときどきある	ほとんど毎日ある（注5）
⑩周囲の者が何らかの対応をとらなければならないほどの物忘れがある	ない	ときどきある	ほとんど毎日ある
⑪薬の内服	自分で可	一部介助、見守り等が必要	全面的介助が必要
⑫日常の意思決定 （注6）	できる	本人に関する重要な意思決定はできない（注7）	ほとんどできない

（注1）各項目の1の状態中、「自分で可」には、福祉用具を使ったり、自分の手で支えて自分でできる場合も含む。
（注2）各項目の2の状態中、「見守り等」とは、常時の付き添いの必要がある「見守り」や、認知症高齢者等の場合に必要な行為の「確認」、「指示」、「声かけ」等のことである。
（注3）「①座位保持」の「支えてもらえればできる」には背もたれがあれば一人で座っていることができる場合も含む。
（注4）「④水分・食事摂取」の「見守り等」には動作を見守ることや、摂取する量の過小・過多の判断を支援する声かけを含む。
（注5）⑨3の状態（物を壊したり衣類を破くことがほとんど毎日ある）には「自分や他人を傷つけることがときどきある」状態を含む。
（注6）「⑫日常の意思決定」とは毎日の暮らしにおける活動に関して意思決定ができる能力をいう。
（注7）慣れ親しんだ日常生活に関する事項（見たいテレビ番組やその日の献立等）に関する意思決定はできるが、本人に関する重要な決定への合意等（ケアプランの作成への参加、治療方針への合意等）には、指示や支援を必要とすることをいう。

（出典）厚生労働省

〇介護休業給付

　被保険者が対象家族を介護するために介護休業を取得した場合，一定の要件を満たすと介護休業給付金が支給されます。

1）　支給要件

　介護休業給付金の支給要件は次のとおりです。

①　介護休業開始前2年間に賃金支払基礎日数が11日以上ある月が12か月以上

あること

（賃金支払基礎日数が11日以上の月が12か月ない場合，賃金支払いの基礎となった時間数が80時間以上の月を1か月として算定します）

② 支給単位期間（介護休業開始日から起算した1か月ごとの期間）において，就業していると認められる日が10日以下であること

③ 支給単位期間ごとの賃金が，休業開始時賃金月額の80％未満であること

④ 被保険者が対象家族を介護するため，介護休業期間の初日及び末日を明らかにして事業主に申出を行い，実際に介護休業を取得すること

2） 介護休業の取得方法，取得回数

介護休業は，対象家族1人につき93日を限度に3回まで取得できます。介護休業を分割して取得する場合は，分割して介護休業給付金が支給されます。

3） 支給金額

休業開始時賃金日額×支給日数×67％

〇介護休業中の社会保険料免除

育児休業中は社会保険料の免除がありますが，介護休業中には社会保険料免除はありません。

〇介護休暇

要介護状態にある対象家族の介護，通院の付き添い，介護サービスに必要な手続きなどを行うために，年5日（対象家族が2人以上の場合は年10日）まで1日または時間単位で介護休暇を取得することができます。必要に応じて，介護休業と介護休暇を使い分けるとよいでしょう。労使協定を締結することで，①入社6か月未満の労働者，②週の所定労働日数が2日以下の労働者を対象外（①は令和7年3月31日まで）とすることができます。

7 定年の定め方

　定年とは，会社があらかじめ定めた年齢に達したときに退職とする制度のことをいいます。高年齢者雇用安定法により，定年を定める場合は，定年年齢は60歳を下回ることはできません。

　さらに同法では，年金の支給開始年齢の引上げや，高年齢者の活用を目的として，65歳までの雇用確保を義務づけており，次の3つの措置のうちいずれかを講じなければなりません。

①　65歳まで定年年齢の引上げ
②　希望者全員を対象とする65歳までの継続雇用制度の導入
③　定年の廃止

継続雇用制度

　継続雇用制度とは，現に雇用している高年齢者が希望するときは，定年後も引き続いて雇用する制度です。

　高年齢者雇用安定法の改正によって，平成25年4月1日からは，継続雇用の対象者を限定する仕組みが廃止され，原則として継続雇用の希望者全員を雇用する必要があります。ただし，12年間の経過措置※があります。

※経過措置とは

　平成25年4月1日からは，継続雇用の対象者を限定する仕組みが廃止され，原則として継続雇用の希望者全員を雇用する必要があります。

　ただし，それが完全義務化されるまで，老齢厚生年金の支給に合わせ，12年間の経過措置が設けられています。

　継続雇用の対象者を限定する仕組みの廃止については経過措置があり，社員の生年月日によって，会社で定めた継続雇用の基準を従来どおり適用することが認められます。継続雇用の基準が撤廃されるのは，令和7年4月1日以降になります。

　〔注意!!〕引き続き基準を適用させる場合は，平成25年3月31日までに基準を設けておく必要がありました。

継続雇用制度には「勤務延長制度」と「再雇用制度」があります。

・「勤務延長制度」とは

　定年年齢が設置されたまま，定年に達した労働者を退職させることなく引き続いて雇用する制度です。

・「再雇用制度」とは

　定年に達した労働者を一度退職させた後，再び雇用する制度です。労働条件等の見直しがしやすいため，再雇用制度を導入する企業も多いようです。

≪生年月日ごとの経過措置≫

生年月日	希望者全員雇用	基準設定対象者の年齢
昭和28年4月2日～昭和30年4月1日生まれ	60～61歳未満	61歳以上
昭和30年4月2日～昭和32年4月1日生まれ	60～62歳未満	62歳以上
昭和32年4月2日～昭和34年4月1日生まれ	60～63歳未満	63歳以上
昭和34年4月2日～昭和36年4月1日生まれ	60～64歳未満	64歳以上
昭和36年4月2日以降生まれ	60～65歳未満	基準設定不可

※基準の内容は，一般的に，①働く意思・意欲，②勤務態度，③健康，④能力・経験，⑤技能伝承等に分類されます。（過去○年間の出勤率○％以上，直近の健康診断の結果，業務執行に問題がないこと，職能・職務資格○級以上，社内検定○級以上など）。

※「会社が必要と認めた者に限る」「上司の推薦がある者に限る」等は認められません。

定年の廃止

　定年年齢を廃止しますので，年齢に関係なく，意欲と能力などに応じて，働き続けることが可能となります。

210 第5章 社員の戦力化及び定着を図るには！

≪就業規則例≫

○定年を65歳とする場合

第○条 社員の定年は満65歳とし，定年に達した日の属する月の末日をもって退職とする。

○希望者全員を65歳まで継続雇用する場合

第○条 社員の定年は満60歳とし，定年に達した日の属する月の末日をもって退職とする。

　　　ただし，本人が希望し，解雇事由又は退職事由に該当しない者については，65歳まで継続雇用する。

○基準の経過措置を適用する場合（令和7年3月31日まで）

第○条 社員の定年は満60歳とし，定年に達した日の属する月の末日をもって退職とする。ただし，本人が希望し，解雇事由又は退職事由に該当しない者であって，高年齢者雇用安定法一部改正法附則第3項に基づきなお効力を有することとされる改正前の高年齢者雇用安定法第9条第2項に基づく労使協定の定めるところにより，次の各号に掲げる基準（以下「基準」という）のいずれにも該当する者については，65歳まで継続雇用し，基準のいずれかを満たさない者については，基準の適用年齢まで継続雇用する。

　(1) 引き続き勤務することを希望している者

　(2) 過去○年間の出勤率が○％以上の者

　(3) 直近の健康診断の結果，業務遂行に問題がないこと

　(4) ○○○○

2　前項の場合において，次の表の左欄に掲げる期間における当該基準の適用については，同法の左欄に掲げる区分に応じ，それぞれ右欄に掲げる年齢以上の者を対象に行うものとする。

平成25年4月1日から平成28年3月31日まで	61歳
平成28年4月1日から平成31年3月31日まで	62歳
平成31年4月1日から平成34年3月31日まで	63歳
平成34年4月1日から平成37年3月31日まで	64歳

※基準設定時の規則であるため，平成表記としています。

継続雇用の高齢者に関する無期転換ルールの特例

　通常は，同一の会社との有期労働契約が，通算5年を超えて反復更新された場合は無期転換申込権が発生します。しかし，適切な雇用管理に関する計画を作成し，都道府県労働局長の認定を受けた会社で，定年に達した後，引き続いて雇用される継続雇用の高齢者については，定年後引き続いて雇用される期間は，無期転換申込権が発生しません。

70歳までの就業機会確保措置

　令和3年4月1日より，次に定める70歳までの就業確保措置が努力義務となっています。ただし，70歳までの定年年齢の引上げを義務づけるものではありません。
①　70歳までの定年引上げ
②　70歳までの継続雇用制度（再雇用制度・勤務延長制度）の導入
　（特殊関係事業三，他の事業主によるものを含む）
③　定年制の廃止
④　70歳まで継続的に業務委託契約を締結する制度の導入
⑤　70歳まで継続的に以下の事業に従事できる制度の導入
　a．事業主が自ら実施する社会貢献事業
　b．事業主が委託，出資（資金提供）等する団体が行う社会貢献事業

8　退職金の考え方

　退職金は，社員が退職したときに，年金または一時金で支払われる給付のことをいいます。法律上，退職金制度を設けることは義務化されていません。
　退職金制度は，社員のモチベーション向上などのメリットも多いことなどから，中小企業でもおよそ70％の企業で退職金制度を設けています。

212　第5章　社員の戦力化及び定着を図るには！

> 「…退職金制度について「制度あり」と回答した企業が 71.5％，…
>
> また，「制度ありと回答した企業の 72.5％が「退職一時金のみ」と回答しており，22.7％が「退職一時金と退職年金の併用」と回答した。」
>
> 　　　　（東京都産業労働局「中小企業の賃金・退職金事情（令和4年版）」）
>
> 「退職給付（一時金・年金）制度がある企業割合は 74.9％となっている。」
>
> 　　　　　　　　　　（厚生労働省「令和5年就労条件総合調査」）

退職金のメリット・デメリット

　退職金制度のメリットとデメリットは次のとおりです。会社と社員双方のメリット・デメリットを踏まえ，退職金制度を設けるか検討していきます。

	メリット	デメリット
会社	・良い人材確保のため ・社員の定着率向上のため ・不法行為に対する抑止力のため	・一時的に多額の資金が必要となるため，資金繰りの問題が発生する
社員	・入社への動機づけの要因となる ・退職後の生活費の補填ができる ・税務上の優遇措置などがある	・勤続年数が短いともらえる金額も少なくなる

退職金の性格

　退職金の性格は大きく分けて3つありますが，「退職給付に関する会計基準」では，賃金の後払い説としています。

賃金後払い説	在職中に支払われるはずであった賃金の一部を後で退職金として支払う説
功労報償説	退職金を在職中の功労に対する報償として支払う説
生活保障説	社員退職後の生活保障のために退職金を支払う説

8 退職金の考え方   213

　退職金制度を設ける場合には，退職金に関する事項を就業規則などに必ず記載しなければなりません。
　就業規則，退職金規程に次の事項を記載します。

≪退職金に関する事項≫

①　適用される労働者の範囲
②　退職金の支給要件
③　額の計算及び支払方法
④　支払いの時期

退職金制度

　退職金制度は，確定給付型と確定拠出型の2種類に分類されます。
　確定給付型は，将来の退職金額があらかじめ定められている制度です。
　確定拠出型は，毎月一定額の拠出を行い，資産の運用は社員本人が行い，給付額が決定します。

確定給付型	退職金規程で退職金の金額が定められた制度
	確定給付企業年金（DB）
確定拠出型	中小企業退職金共済
	特定退職金共済
	建設業退職金共済
	確定拠出企業年金（DC）日本版401K
	厚生年金基金

≪退職金計算方式例≫

①　給付比例方式	退職時基本給×勤続年数×退職理由係数
②　定額方式	基準額（勤続年数）×退職時の役職を反映させた係数×退職理由係数

③ ポイント制退職金	ポイント数×ポイント単価

中退共

　中小企業退職金共済制度（中退共）は，独立行政法人勤労者退職金共済機構が運営している退職金共済制度です。加入できる企業は，加入要件を満たしている中小企業です。

　中退共は正社員であれば，月5,000円の掛け金から始めることができ，仕組みがわかりやすいため，中小企業で多く利用されています。

　会社が中退共と退職金共済契約を結び，毎月の掛金を機構に拠出（金融機関に納付）します。社員が退職し，本人が直接機構に請求したときは，その社員に中退共から退職金が直接支払われます。

≪退職金規程　規定例（中退共方式）≫

第〇条（退職金）

　次条に定める社員が退職した場合，退職金を支給する。ただし，１年以上勤務した社員に限る。

２．前項の退職金の支給は，会社が社員ごとに勤労者退職金共済機構・中小企業退職金共済事業本部（以下・「機構・中退共本部」という。）との間に退職金共済契約を締結することによって行うものとする。

第〇条（退職金共済契約の適用範囲）

　以下のものを除き，試用期間経過後，本採用となった社員全員について機構・中退共本部と退職金共済契約を締結する。

①　休職期間及び，業務上の負傷または疾病以外の理由による欠勤がその月の２分の１を超えた者

②　期間を定めて雇用される者

③　短時間労働者（一週間の就労時間が30時間未満）

④　定年などで相当の期間内に雇用関係の終了することが明らかな者

第○条（掛金月額）

退職金共済契約は，社員ごとに，その役職に応じ，別表に定める掛金月額によって締結し，毎年○月に掛金を調整する。

役職	掛金月数
一般社員	×××円
係長	×××円
課長	×××円
部長	×××円

・・・・・

確定拠出年金（日本版401K）

　確定拠出年金制度には，会社が掛金を拠出する「企業型年金（企業型DC）」と，個人で加入して本人が掛金を拠出する「個人型年金（iDeCo）」の２つの種類があります。退職金制度に用いられるのは，会社が拠出する企業型年金です。会社は掛金を「資産管理機関」に拠出し，社員は「運営管理機関」に資産運用を指図します。会社は毎月掛金を拠出し，運用は社員が行う仕組みです。

⑨　無期転換ルールの定め方

　無期転換ルールとは，有期労働契約が通算５年（反復継続）を超えた場合で，労働者から申込みがあったときは，期間の定めのない労働契約に転換しなければならないルールです。

　１年の有期労働契約が５回繰り返された場合，６回目（６回目も１年の有期労働契約の場合と仮定）の契約の間で無期労働契約への転換の申込みができます。すなわち，無期労働契約への転換ができるのは，６回目の契約が満了した

翌日からになります。

例）1年の有期契約が繰り返された場合

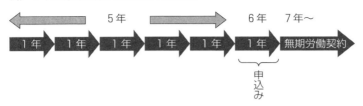

無期転換は，通算5年経過したからといって，自動的に行われるわけではありません。あくまで，社員からの申込みがあって初めて転換されます。

≪無期労働契約と有期労働契約とは≫

① 無期労働契約
　労働契約の期間を定めずに雇用する方法。よく「期間の定めのない労働契約」といわれています。
② 有期労働契約
　労働契約に一定の期間（半年や1年など）を設けて雇用する方法。
※有期労働契約の締結時には，雇用契約書に，必要な労働条件（労働時間や賃金など）の他，契約期間・更新の有無・更新の基準の明示が必要です（平成25年4月1日より義務化）。さらに，令和6年4月からは，無期転換申込機会・無期転換後の労働条件の明示が必要となりました。

Q　パートタイマーなどの有期契約労働者で5年経ったら希望者を無期契約労働者にするということは，正社員にするということですか？
A　「無期契約労働者への転換」＝「正社員化」といった趣旨のものではありません。

　職務・勤務地・賃金・労働時間などは，「別段の定め」のない限り，直前の労働契約と同じです。無期労働契約になったからといって，賃金を正社員並みに上げるというものではありません。例えば，週3日出勤で1日5時間働いているパートタイマー（時給制，時給1,200円）が有期労働契約から無期労働契約に転換する場合，労働条件はそのままでも大丈夫です。ここでいう「別段の定め」とは，就業規則や個々の労働契約等が該当します。個々の労働契約では，無期労働契約への転換に当たり，労働条件を変更すること（例えば，転勤がある，働き方が変わる等）についての会社と社員の個別の合意が必要になるということです。

9　無期転換ルールの定め方　　217

≪**無期労働契約転換申込書，無期労働契約転換申込み受理通知書　書式例**≫

無期労働契約転換申込書

＿＿＿＿＿＿＿　殿

申出日　　　年　　月　　日

申出者氏名　　　　　　　印

　私は，現在の有期労働契約の契約期間の末日までに通算契約期間が5年を超えますので，労働契約法第18条第1項に基づき，期間の定めのない労働契約（無期労働契約）への転換を申し込みます。

無期労働契約転換申込み受理通知書

＿＿＿＿＿＿＿　殿

受理日　　　年　　月　　日

職氏名　　　　　　　　印

　あなたから　　　年　　月　　日に提出された無期労働契約転換申込書について受理しましたので通知します。

クーリングとは

　カウントの「5年」を計算するときに，途中で働いていない空白（無契約）期間がある場合は，通算対象から除外されます。これをクーリングといいます。

　例えば，1年の有期契約を2回更新して，その後3か月経った後に，同様の有期契約を結んだ場合などのように，有期労働契約と有期労働契約の間に，契約がない期間がある場合の取扱いは次のようになります。

○空白期間以前の通算契約期間が1年以上の場合

① 契約のない期間が6か月以上の場合：通算できない（契約期間の通算がリセットされることをクーリングといいます）
② 契約のない期間が6か月未満の場合：通算できる

【事例①】

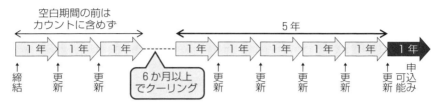

【事例②】

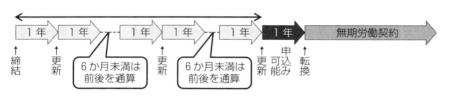

○空白期間以前の通算契約期間が1年未満の場合

③ 下記それぞれの区分に応じて，契約期間の通算がリセットされます。

カウントの対象となる有期労働契約の契約期間	契約がない期間
2か月以下	1か月以上
2か月超～4か月以下	2か月以上
4か月超～6か月以下	3か月以上
6か月超～8か月以下	4か月以上
8か月超～10か月以下	5か月以上
10か月超～	6か月以上

無期転換ルールの特例措置

　次に定める労働者は，適切な雇用管理に関する計画を作成して，都道府県労働局長の認定を受けた場合は，無期転換ルールが適用されません。

---

① 「５年を超える一定の期間内に完了することが予定されている業務」に就く高度専門的知識等を有する有期雇用労働者（年収1,075万円以上）
② 定年後に有期労働契約で継続雇用される高齢者

---

　①の高度専門職については，そのプロジェクトに従事している期間は，10年を上限として無期転換申込権が発生しません。
　②の継続雇用の高齢者は，定年後引き続いて雇用される期間は，無期転換申込権が発生しません。
　これらの特例の適用を受けるためには，高度専門職については「第一種計画認定・変更申請書」を，継続雇用の高齢者については「第二種計画認定・変更申請書」をそれぞれ都道府県労働局長に提出し，認定を受ける必要があります。

第6章

突然やってくる労務の不測事態等に備える！

1 労働基準監督署の調査対応

調査の流れ

○臨検監督

労働基準監督署の調査のことを「臨検監督」といい，監督官が労働基準法等への違反がないかを調査・確認し，問題があれば，是正のための行政指導（是正勧告）が行われます。主な調査として，任意に行う「定期監督」と，通報等を受けて行う「申告監督」などがあります。

①定期監督	労働条件に改善を要すると考えられる業種や危険有害な作業が存在する業種などを対象として計画的に実施する
②申告監督	労働者から法令違反に関する申告を受けて実施する
③災害調査・災害時監督	重大な労働災害が発生した場合に，その発生の原因の調査究明と再発防止対策の指導のために実施する
④再監督	行政処分を行った事業場等について，改善の状況を確認するために実施する

○調査のパターン

① 労働基準監督署への来所依頼（文書・電話）がある場合

② 予告なしで会社に労働基準監督官が来る場合

222　第6章　突然やってくる労務の不測事態等に備える！

③　訪問日時を指定（文書・電話）して，会社に労働基準監督官が来る場合

提出を求められる書類など

　臨検監督で提出を求められる書類は，以下のとおりです。原則として，提出を拒否することはできません。書類が整備されていない場合は，是正事項にあげられ，整備が求められます。

①　就業規則，賃金規程，その他の規程類
②　労働者名簿
③　賃金台帳
④　労働条件通知書（雇用契約書）
⑤　３６協定などの労使協定
⑥　タイムカード，出勤簿
⑦　安全衛生関連の書類
⑧　健康診断記録　など

調査の結果，法令違反などがあった場合

　法令違反については，是正勧告が行われ，違反事項とその是正期日が記載された「是正勧告書」が交付されます。法令違反はないが，改善が必要な場合は，「指導票」が交付されます。

　是正勧告等を受けた場合，期日までに違反事項を改善し，労働基準監督署に「是正報告書」を提出しなければなりません。　是正期日までに改善が間に合わないときは，事前に今後のスケジュール等を含め，労働基準監督官に誠実な態度で状況を報告しましょう。

是正勧告に従わなかった場合

　是正勧告に従わなかった場合は，再監督（再調査）になると考えられます。是正勧告を無視したり，虚偽の報告（賃金台帳，出勤簿の改ざん）を行うなど，

特に悪質な場合には書類送検されることもあります。

会社が日頃から対応しておくこと

　労働基準監督署の調査では，労働名簿，賃金台帳，その他，就業規則や労働条件通知書，労使協定などがチェックされます。常日頃からきちんと整備しておけば，急にやってくる監督署の調査時にあたふたせず，また，しっかりした根拠を基に説明することができます。常日頃の書類の整理をしっかりとしていきましょう。

≪労働基準監督署の調査（臨検監督）の流れ≫

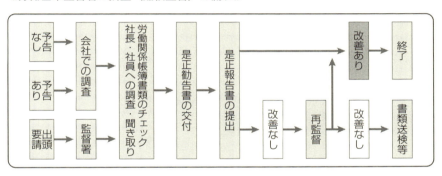

② 労働審判，民事訴訟等について

　解雇や未払賃金等の労働問題がある場合，社員や退職者が会社に対して請求等を求める手段は，労働基準監督署への申告以外に次のようなものがあります。

> ① 個別労働紛争解決促進制度を利用したあっせん，調停
> 　社員等からの相談に基づいて，紛争解決を図るために都道府県労働局長が助言・指導を行い，紛争調整委員会（学者，弁護士その他労働問題の専門家である学識経験者によって構成）が，中立的な立場から問題解決のた

めのあっせんを行います。

合意されたあっせん案は，民法の和解契約の効力を有します。あっせんの利用料は無料で，会社側からの利用も可能です。

※労働基準法の違反がある場合は，労働基準監督署へ取り次がれます。

≪個別労働紛争解決システムの概要≫

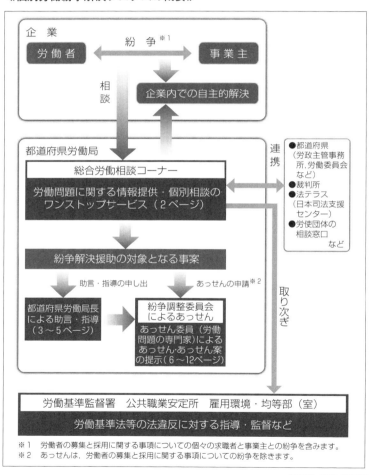

(出典) 厚生労働省

② 労働審判

　労働関係のトラブルが発生した場合に，各地の地方裁判所への申立てによって行われる紛争解決手段です。

　労働審判とは，労働審判官（裁判官）1名と労働関係の専門家である労働審判員2名で組織された労働審判委員会が，未払賃金などの個別労働紛争を3回以内の期日で審理して適宜調停を試み，調停による解決に至らない場合には，事案の実情に即した解決をするために必要な判断（労働審判）を行うというものです。

　確定した労働審判，成立した調停の内容は，裁判上の和解と同じ効力があり，強制執行を申し立てることも可能です。労働審判に対して当事者から異議申立てがあれば労働審判はその効力を失い訴訟に移行します。

　訴訟の審理期間は一般的に1年以上かかりますが，労働審判は原則として3回以内の審理（3か月程度）で終結します。

≪労働審判手続の流れ≫

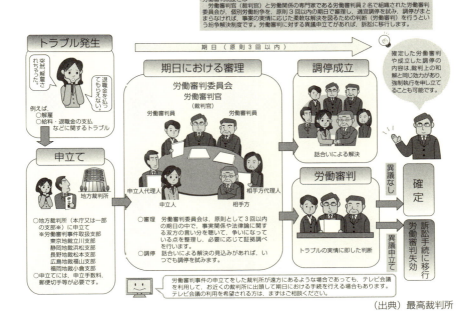

（出典）最高裁判所

③ 民事訴訟

　裁判に訴える手段です。民事訴訟法によって審理が行われます。社員等が，未払賃金請求の訴えを起こす場合，通常は，未払賃金と同額の付加金請求（労働基準法第114条）が行われことが多く，未払賃金と同額の付加金の支払いを命じる判決が出る可能性もあります。

　【訴えの提起】⇒【口頭弁論等（訴状の審査⇒口頭弁論⇒争点及び証拠の整理⇒証拠調べ⇒口頭弁論調書）】⇒【訴訟の終了】⇒【判決に対する上訴】の流れで行われます。

≪民事裁判の手続きの流れ≫

（出典）最高裁判所

④ 社員や弁護士からの内容証明郵便

　未払賃金を請求する内容証明郵便が社員等から郵送されてきた場合，内容証明郵便そのものには法的拘束力はありませんが，専門家による指導のもとに行っていると考えられますので，無視をせず，何らかの対応を行う必要があります。状況に応じて社会保険労務士へ相談するのも一案です。

⑤ 労働組合（合同労働組合・ユニオン）に加入して団体交渉を行う

　社員が合同労働組合等に加入して，未払賃金を請求してくることもあります。この場合には，組合との団体交渉になります。

※合同労働組合とに，所属する職場や雇用形態に関係なく，産業別，業種別，職業別，地域別に組織する労働組合のことで，主に，組合のない中小零細企業の労働者が個人単位で加入します。

　紛争調整委員会によるあっせんや労働審判には，メリットもあればデメリットもあります。これらを踏まえ，対策を検討し，もしくは制度を有効に活用していきましょう。

紛争調整委員会によるあっせん	
メリット	・無料で非公開なので利用しやすい ・短期間で解決できる ・あっせん委員は，労働関係の専門家で構成されているため，適切な助言をもらうことができる
デメリット	あっせんが不成立の場合は，次の解決手段に移行する場合が多く，手間がかかる
労働審判	
メリット	・３回の審理で終結するため，訴訟に移行せず早期解決が図れる ・会社側からの利用も可能で，当事者以外の第三者に判断してもらえる ・事情を斟酌して，心証に応じて，落としどころをつけてもらいやすい
デメリット	・当事者の出頭が強制される ・異議申立てが行われた場合，通常訴訟へ移行し，費用や時間の手間がかかる

　労働紛争予防には，日常的に社員とのコミュニケーションを大切にし，信頼

関係を築いていくのは当然ですが，突然やってくる社員等との労働紛争は，性善説だけではどうしてもわりきれない部分もあります。また，労働紛争になった場合は，中小企業にとって厳しい結果が予想されます。就業規則や帳簿書類の整備，賃金未払いをなくす，不当解雇は行わない（解雇以外の代替手段を検討する）などの対応が会社には求められてきます。

未払賃金請求訴訟では，裁判所による証拠保全手続などによって，労働時間記録に関する資料の開示を求められることが予想されます。また，経営者の「基本給に残業代を含んでいる」「管理管理者であるため残業代が不要」「会社から残業を命じていない」という主張に対しては，法令等に準拠してきちんと帳簿書類を管理していないと，主張は聞き入れられない場合が多いでしょう。

③　労災保険と補償内容

労災保険とは

労災保険（労働者災害補償保険）とは，労働者が業務上または通勤により，負傷・疾病・障害または死亡した場合に，労働者やその遺族のために，必要な保険給付を行う制度です。

また，保険給付のほかに，被災労働者の社会復帰促進など，労働福祉事業も行っています。事業主の災害補償責任は，労働基準法に定められています。国は事業主への労災保険加入を強制し，その結果，労災保険法の適用を受けることになり，被災労働者は，労災保険から補償がなされます。労災保険法の適用を受けない事業主は，災害補償責任を負うことになります。

労災保険と健康保険の違い

「会社での業務中にけがをしたけど，急いでいたから健康保険を使ってしまった」といったことは，よくあるパターンです。

しかし，社員が仕事中や通勤途中にけがなどをした場合は，正社員，パー

ト・アルバイトの雇用形態に関係なく，労災保険の給付対象となり，健康保険を利用することができません。

・労災保険：業務上または通勤途上において，労働者が，けが・疾病・障害・死亡した場合に，労働者やその家族に必要な保険給付を行う制度です。
・健康保険：業務上または通勤途上以外の理由で，けがや病気（私傷病）等をした場合，必要な保険給付を行う制度です。

＜労災保険の対象となる場合＞
・仕事で調理中に，包丁でキャベツと一緒に手を切ってしまった。○
・通勤途中に駅のホームで転倒してしまった。○

＜労災保険の対象とならない場合＞
・仕事から自宅に帰り，部屋で釘を踏んでしまった。×
・帰社の途中で映画館に行き，そこで転んでしまった。×

「労災かくし」とは

　業務災害で休業者や死亡者を出した場合には，「労働者死傷病報告」を労働基準監督署に提出する義務があります。「労災かくし」とは，「労働者死傷病報告」を提出しなかったり，虚偽の内容を記載して提出することをいいます。重傷者が出ているにもかかわらず報告をせず，または虚偽の報告をした場合には，悪質な労災かくしとみなされ，書類送検される事例もあるため，注意が必要です。

＜なぜ労災かくしをするのか？＞

---

① 労災が多いと，今後の受注に影響が出るため
② 労災保険のメリット制の適用に影響が出るため
③ 下請会社が元請会社に迷惑がかからないようにするため
④ 手続きが面倒　など
※メリット制とは，労働災害の多寡（収支率）に応じて，一定の範囲内で労災保険率または労災保険料額を増減させる制度です。

---

230   第6章　突然やってくる労務の不測事態等に備える！

労災保険の保険給付

　労災保険の保険給付には，業務災害と通勤災害に対応している保険給付があり，次の図表のとおりです。

≪保険給付の種類≫

保険給付の種類	どんな場面で	保険給付の内容
療養の給付	業務災害や通勤災害による傷病により療養するとき（労災病院や労災保険指定病院等）	必要な療養の給付
療養の費用の支給	業務災害や通勤災害による傷病により療養するとき（労災病院や労災保険指定病院等以外）	必要な療養費の支給
休業補償（休業）給付	業務災害や通勤災害による傷病の療養のため，労働ができずに賃金を受けられない日が4日以上に及ぶとき	休業4日目から，1日につき給付基礎日額の60％相当額
傷病補償（傷病）年金	業務災害や通勤災害による傷病が療養開始後1年6か月を経過した日あるいは同日後に次のいずれにも当てはまるとき ①　傷病が治っていないこと ②　障害の程度が傷病等級に該当すること	障害の程度に応じ，給付基礎日額の245日分〜153日分の年金
介護補償（介護）給付	障害補償（障害）年金または傷病補償（傷病）年金の受給権者が，一定の障害の程度に該当し， ①常時介護を必要とするとき ②随時介護を必要とするとき	1か月に支出した額 ①の上限額177,950円 ②の上限額88,980円 ※令和6年度価額
障害補償（障害）年金	業務災害や通勤災害による傷病が治った後に，障害等級第1級〜第7級までに該当する障害が残ったとき	障害の程度に応じ，給付基礎日額の313日分〜131日分の年金
障害補償（障害）一時金	業務災害や通勤災害による傷病が治った後に，障害等級第8級〜第14級までに該当する障害が残ったとき	障害の程度に応じ，給付基礎日額の503日分〜56日分の一時金
遺族補償（遺族）年金	業務災害や通勤災害により死亡したとき	遺族の数等に応じ，給付基礎日額の245日分〜153日分の年金

遺族補償（遺族）一時金	① 死亡当時，遺族補償（遺族）年金を受ける遺族がいないとき ② 遺族補償（遺族）年金の受給権者がすべて失権したとき，受給権者であった遺族の全員に対して支払われた年金の額及び遺族補償（遺族）年金前払一時金の額の合計額が，給付基礎日額の1,000日分に達していないとき	給付基礎日額の1,000日分の一時金 ②の場合は，すでに支給した年金合計額を差し引いた額
葬祭料（葬祭給付）	業務災害や通勤災害で死亡した人の葬祭を行うとき	315,000円＋給付基礎日額30日分（給付基礎日額の60日分が最低保障）
二次健康診断等給付	定期健康診断等で，脳・心臓疾患に関連する一定の項目に異常の所見があったとき	二次健康診断及び特定保健指導（二次健康診断の結果に基づく医師・保健師の面接保健指導）

※（　　　）は通勤災害のときの名称です。
※複数事業労働者への労災保険給付もあります。

4　安全衛生管理体制

　労働安全衛生法では，事業場の業種や規模などに応じて，総括安全衛生管理者，衛生管理者，安全管理者，産業医の選任を義務づけています。労働者数が50人未満の中小企業（小規模事業場）では，衛生推進者，安全衛生推進者を選任しなければなりません。

　労働者数が常時50人以上の事業場は衛生管理者（業種によっては安全管理者），常時10人以上50人未満の事業場は衛生推進者（業種によっては安全衛生推進者）を選任する必要があります。10人未満の事業場では選任義務はありませんが，労働者の健康と安全を守る安全配慮義務がありますので，事業主や担当者が目を配っていきましょう。たとえ少人数であっても，労働者の安全と衛

232　第6章　突然やってくる労務の不測事態等に備える！

生を確保して労働災害の発生を防止するため，安全衛生管理体制をしっかりと整えていきましょう。

担当者の要件

　労働者数が常時10人以上50人未満の中小企業（小規模事業場）では，衛生推進者，安全衛生推進者を選任します。衛生推進者と安全衛生推進者になるためには，次の資格要件に該当する必要があります。①〜④までの資格要件に当てはまらない場合は，⑤の法定の講習を受けなくてはなりません。選任したときは，その氏名を作業場の見やすい箇所に掲示する方法などによって周知します。

≪衛生推進者，安全衛生推進者の要件≫

①　大学または高等専門学校を卒業した者で，その後1年以上安全衛生の実務に従事した経験を有する者
②　高等学校または中等教育学校を卒業した者で，その後3年以上安全衛生の実務に従事した経験を有する者
③　5年以上安全衛生の実務に従事した経験を有する者
④　安全管理者・衛生管理者・労働安全コンサルタント・労働衛生コンサルタントの資格を有する者
⑤　安全衛生推進者養成講習・衛生推進者養成講習を修了した者

≪安全衛生推進者または衛生推進者を選任する必要のある業種≫

資格	業種
安全衛生推進者	林業，鉱業，建設業，運送業，清掃業，製造業（物の加工業を含む），電気業，ガス業，熱供給業，水道業，通信業，各種商品卸売業，家具・建具・じゅう器等卸売業，各種商品小売業，家具・建具・じゅう器等小売業，燃料小売業，旅館業，ゴルフ場業，自動車整備業及び機械修理業
衛生推進者	その他の業種

衛生委員会，安全委員会

　衛生委員会は，労働者が50人以上の事業場（すべての業種）で設置します。安全委員会は，建設業などの業種で労働者が50人以上（業種によっては100人以上）の事業場で設置します。委員会の会合を毎月1回以上開催し，安全や衛生，健康についての対策などを調査審議していきます。議事録は3年間保存しなくてはなりません。

　労働者数50人未満の事業場では安全委員会，衛生委員会のいずれも設置の義務はありませんが，安全衛生に関する事項について，労働者の意見を聴くための機会を設けるようにしなければなりません。

産業医

　産業医は，常時使用する労働者が50人以上のすべての事業場で選任します。産業医の選任，選任している産業医の変更のときには，労働基準監督署に届出が必要です。

　産業医の職務は，健康診断・健康管理・健康教育などで，労働者の健康を確保するため必要があると認めるときは，事業者に対し，労働者の健康管理などについて必要な勧告をします。また，定期巡視として，少なくとも毎月1回作業場を巡視します（所定の情報の提供を受けている場合であって，事業者の同意を得ているときは，少なくとも2か月に1回）。

　産業医は，作業方法または衛生状態に有害のおそれがあるときに，直ちに，労働者の健康障害を防止するための必要な措置を講じなければなりません。

　常時使用する労働者が50人未満の会社の場合は，産業医の選任義務はありませんが，会社の健康管理体制などに不安がある場合は，地域産業保健センター（地さんぽ），地域の医師会推薦（紹介）の産業医，経営者のかかりつけ医，定期健康診断実施医療機関などに相談してみるのも良いでしょう。地域産業保健センターは，独立行政法人労働者健康安全機構が全国各所に設置しており，産業保健サービスを無料で受けることができます。

≪地域産業保健総合支援センターの業務≫

① 長時間労働者への医師による面接指導の相談
② 健康相談窓口の開設
③ 個別訪問による産業保健指導の実施
④ 産業保健情報の提供

≪安全衛生管理体制担当者イメージ図≫

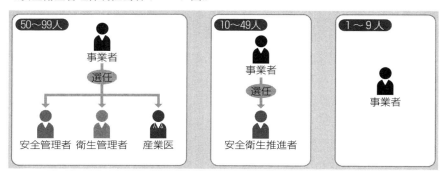

5 社員のメンタル不調対処法

　令和4年「労働安全衛生調査（実態調査）」の概況によると，過去1年間にメンタル不調により連続1か月以上休業した労働者または退職した労働者がいた事業所は13.3％となっており，令和3年調査（10.1％）より3.2％高くなっています。また，仕事や職業生活に関して，強いストレスや不安があると感じている労働者の割合は82.2％となり，令和3年調査（53.3％）より大幅に増えています。大企業だけではなく，中小企業においてもメンタルヘルス対策は急務となっています。厚生労働省では，「従業員の心の健康保持・増進のための指針」で，①セルフケア，②ラインによるケア，③産業保健スタッフ等によるケア，④事業場外資源によるケアの4つのケアを示しています。この4つのケアを柱に自社にあった対策を組み立てていきます。中小企業では，①セルフケア，②ラインによるケアを中心として組み立てると良いでしょう。

≪メンタルヘルス対策で大切な4つのケアの内容≫

① セルフケア	事業主が労働者・管理監督者に対して行うケアのこと。事業主は，労働者・管理監督者がセルフケアを行えるように，教育研修や情報提供などの支援を行います。
② ラインによるケア	職場の管理監督者が，メンタル不調者の早期発見，声がけ，相談対応，職場復帰支援などを行うケアのことです。
③ 産業保健スタッフ等によるケア	産業医や保健師，衛生管理者など，社内の保健関係スタッフが行うケアのことです。
④ 事業場外資源によるケア	都道府県産業保健総合支援センター，地域産業保健センター，医療機関等の支援機関及び専門家とのネットワークを形成して活用するケアのことです。

メンタルヘルスケアの具体的な進め方

4つのケアが適切に実施されるように，会社の関係者がお互いに連携して，推進していきます。具体的には次のとおり進めていきます。

1つ目は，「メンタルヘルスケアを推進するための教育研修や情報提供」を行います。労働者，管理監督者，事業場内産業保健スタッフ等に対し，それぞれの職務に応じた教育研修・情報提供を実施していきます。

2つ目は，「職場環境等の把握と改善」を行います。日常の職場管理や労働者からの意見聴取の結果，ストレスチェック制度を活用し，職場環境等を評価して問題点を把握するとともに，その改善を図っていきます。

3つ目は，「メンタルヘルス不調への気付きと対応」です。メンタルヘルス不調に陥る労働者の早期発見と適切な対応を行います。労働者による自発的な相談ができるように事業場外の相談機関の活用を図るなどの環境整備を行い，セルフチェックができる機会を作ります。また，管理監督者，事業場内産業保健スタッフ等による相談対応を行います。管理監督者は長時間労働を行っている労働者からの話をよく聴いたうえで情報提供を行い，事業場内産業保健スタッフや外部医療機関などへの相談や受診を促します。さらに，労働者の家族に対して，ストレスやメンタルヘルスケアの基礎知識，会社のメンタルヘルス

相談窓口などの情報を提供していきます。

4つ目は，「職場復帰における支援」を行います。

メンタルヘルス不調により休業した労働者が円滑に職場復帰し，就業を継続できるようにするため，職場復帰支援プログラムを策定するとともに，その実施に関する体制整備やプログラムの組織的かつ継続的な実施により，労働者に対する支援を実施していきます。

中小企業におけるメンタルヘルスケア実施策

中小企業では，まず社長がメンタルヘルスケア実施の表明をします。そのうえで，セルフケア，ラインによるケアを中心として，実施可能なところから着実に取組みを進めていきます。特に中小企業では，メンタル不調を起こして社員が退職や長期休業をした場合は，抜けた部分を他の社員が埋めるため長時間労働を行い，さらにメンタル不調者が出るといった連鎖が想定されます。このような状況を未然に防止するために，セルフケア，ラインによるケアは重要になります。中小企業では，事業場内産業保健スタッフが確保できない場合もあります。その場合は，衛生推進者または安全衛生推進者を事業場内メンタルヘルス推進担当者として選任するとともに，都道府県産業保健総合支援センター等の事業場外資源の提供する支援等を積極的に活用することが有効です。

≪事業場外資源≫

・都道府県産業保健総合支援センター（地域産業保健センター）　・健康保険組合　・労災病院　・中央労働災害防止協会　・労働者健康保持増進サービス機関　・労働衛生コンサルタント，公認心理師，精神保健福祉士，産業カウンセラー，臨床心理士等　・精神科，心療内科等の医療機関　・地域保健機関　・各種相談機関等　・産業医学振興財団　・医師会（日本医師会及び都道府県医師会）　・産業医科大学

おわりに

　読者の皆様，本書を最後までお読みいただきましてありがとうございました。

　社会保険労務士は，「ヒト」に関する専門家です。「労働保険・社会保険の諸手続き」と双璧となる業務は，「労務管理」業務です。本書では，その労務管理について，できる限り詳細に，わかりやすいように記載させていただきました。

　労務管理をしっかりするといっても，山あり谷ありで決して楽な道のりではありません。一歩ずつ，そして着実に不足している穴を埋めていくことで，自社にとって理想の労務環境を整えることができ，活気のある組織を作り上げ，会社経営に好循環をもたらします。

　会社の経営は，ヒト・モノ・カネ・情報・知識があって成り立っています。「ヒト」の問題に，少し目線を変えて，経営の視点をプラスアルファして考えてみること（P.3参照）で，より適切に労務問題・経営課題を解決することができるようになります。また，「ヒト」を大切にする会社は，長期的に利益を確保し存続する必要条件を満たしていると考えます。どのような素晴らしい事業や，利益を生み出す事業も元をたどれば，一人ひとりの「ヒト」に行きつくためです。

　社会保険労務士法第1条は次のように書かれています。
　「この法律は，社会保険労務士の制度を定めて，その業務の適正を図り，もつて労働及び社会保険に関する法令の円滑な実施に寄与するとともに，事業の健全な発達と労働者等の福祉の向上に資することを目的とする。」
　職業専門家である社会保険労務士は，会社と社員，さらには社会全体をより良くしていく使命があります。私もその中の一人として，会社とそこで働く社

員に寄り添いながら，一生懸命サポートさせていただきたいと考えています。

　本書が，会社の経営活動や働きやすい環境作りの一助になることができたのであれば，幸甚です。

令和 6 年10月

社会保険労務士　金山　驍

【著者紹介】

金山　驍（かなやま　つよし）

社会保険労務士 金山経営労務事務所所長
社会保険労務士，医療労務コンサルタント
日本大学大学院グローバル・ビジネス研究科中小企業経営コース卒業（MBA：経営学修士）

東京都新宿区西新宿にて事務所を運営。
都内の社会保険労務士事務所での実務修行を経て，弱冠28歳のときに事務所を独立開業。
１人から数千人規模の会社の労務コンサルティングを手掛け，携わった法人の業務案件は160社を超える。特に病院・クリニック・歯科医院・整骨院・動物病院など医療系の労務対策に強みがある。
新聞（日経新聞，東京新聞，読売新聞），各専門誌（労務事情，企業実務等），みずほ総合研究所情報誌，書籍等の執筆・掲載実績及び東京商工会議所・大手金融機関・大手書店でのセミナー等，講演実績多数。
社会保険労務士金山経営労務事務所・所長，株式会社総務ソリューションズ代表取締役。
趣味はゴルフ，将棋（アマ三段）。養神館合気道二段。

◆社会保険労務士　金山経営労務事務所
HP：https://www.office-kanayama.jp/

◆主な著書
『税理士・会計事務所職員のための労働保険・社会保険の基礎知識』（中央経済社）
『10年継続できる士業事務所の経営術─安定運営のための48のポイント─』（合同フォレスト）
『自社に最適な制度が見つかる新しい労働時間管理＝導入と運用の実務＝』（日本実業出版社（共著））
『メンタルヘルスハンドブック』，『退職金・年金・継続雇用ハンドブック』（産労総合研究所（執筆協力））

中小企業の労務管理はここを押さえる！

2024年12月25日　第1版第1刷発行

著　者　金　　山　　　　驍
発行者　山　　本　　　　継
発行所　㈱中央経済社
発売元　㈱中央経済グループ
　　　　パブリッシング

〒101-0051　東京都千代田区神田神保町1-35
電　話　03（3293）3371（編集代表）
　　　　03（3293）3381（営業代表）
https://www.chuokeizai.co.jp
印刷／文唱堂印刷㈱
製本／侑井上製本所

©2024
Printed in Japan

＊頁の「欠落」や「順序違い」などがありましたらお取り替えいた
　しますので発売元までご送付ください。(送料小社負担)
ISBN978-4-502-52121-8 C3034

JCOPY〈出版者著作権管理機構委託出版物〉本書を無断で複写複製（コピー）することは，
著作権法上の例外を除き，禁じられています。本書をコピーされる場合は事前に出版者著
作権管理機構（JCOPY）の許諾を受けてください。
JCOPY〈https://www.jcopy.or.jp　eメール：info@jcopy.or.jp〉